조선셰프 서유구의
꽃음식 이야기

임원경제지
전통음식 복원 및 현대화 시리즈 / 5

조선셰프 서유구의

꽃음식 이야기

자연경실

머리말

우리는 힘든 삶 속에서도 멋을 잃지 않는 민족이었다. 멋이란 아름다움과 고움이라는 미감을 함축한 말로 우리 민족의 고유한 미적 특성을 부각시킨다. 지금은 멋이 차림새나 행동이 세련되고 고상한 품격을, 맛은 혀가 느끼는 음식의 감각이나 어떤 사물이나 현상에 대하여 느끼는 기분을 나타내어 의미가 다르지만 옛날에는 맛은 멋과 같은 의미로 멋은 서민층에서 맛은 상류층에서 주로 사용하였다. 고유의 맛과 멋은 각 개인, 집안, 민족을 특징짓게 하고 자긍심을 갖게 하는 가장 중요한 요소다.

우리는 사계절이 뚜렷하고 바다와 산이 잘 어우러져 다양한 식재료를 접할 수 있고 관혼상제를 중요하게 여겨 음식문화가 특히 발달하였다. 호사스러운 옷을 입고 큰 집에서 사는 것은 겉치레라고 비난을 받기도 하지만 잘 차린 음식상은 다른 사람과 맛있는 음식을 나누고자 하는 고운 마음으로 여겼다. 맛있는 음식, 멋있는 음식이었던 우리의 전통음식은 일제강점기와 한국전쟁, 급속한 산업화 과정 속에서 맛과 멋을 잃게 되었다. 산업화 이후 우리의 삶은 경제논리가 지배하게 되었고 음식문화도 효율이 떨어지거나 느긋함이 요구되는 즉, 맛과 멋을 담은 전통음식은 대부분 사라지게 되었다.

모든 것이 넘쳤지만 사람들의 삶은 행복해지지 않았을 뿐만 아니라 심각한 부작용에 시달리게 되었다. 사람들은 불행의 원인을 자연과 멀어진 것에서 찾게 되었고 자연주의 열풍이 거세게 불어 닥쳤다. 이 열풍은 식생활에 가장 큰 영향을 주어 즉석식품, 대량생산된 음식은 터부시되고 자연과 가장 가까운 음식들이 각광을 받게 되었고 자연과 멋을 동시에 담은 꽃음식이 주목을 받기 시작하였다.

꽃은 자연을 느끼게 하며 누구에게나 공통적으로 감지되는 아름다움을 가지고 있다. 이런 꽃이 사람의 생명을 유지하고 오감을 만족시키는 음식에 더해져서 '자연주의'의 동력이 되는 것은 고무적인 일이라고 할 수 있다.

다만, 아쉬운 점이 있다면 선인들이 꽃음식으로 계절의 흥취를 즐기고 덤으로 꽃의 효능을 얻는 과정이 자연스러운 일상이었던 것을 생각하면 지금은 극성스럽고 작위적이다. 사람들의 입에 오르내리는 꽃은 방송 매체에 나온 의료인들이 몸에 좋은 꽃으로 추천한 꽃이다. 꽃이 갑자기 신묘한 명약이나 노화방지 등 인간의 욕망을 채우는 도구가 되어 꽃은 마구 꺾여진다.

기능성을 강조하며 방송 매체에서 소개되는 급조된 듯한 꽃음식에 어리둥절하며 막연하게 제대로 된 꽃음식을 만들고 싶다는 생각을 하던 차에 〈정조지〉 속의 꽃음식을 만났다.

어떤 음식책에서도 접할 수 없을 만큼 창의적이고 독보적인 꽃음식 몇 개가 눈에 들어왔다. 현대의 꽃음식처럼 화려하지는 않지만 식재료로서의 꽃이 가진 다양한 특색을 잘 살린 꽃음식이었다. 〈정조지〉 전체를 꼼꼼하게 독파하면서 꽃을 식재로 다룬 꽃음식을 찾기 시작하였다. 매화부터 국화까지 20가지의 토종 꽃으로 만든 꽃음식을 찾아내는 일은 보물찾기를 하는 것 같았다.

〈정조지〉에는 꽃음식이 주제별로 분류되지 않아 서유구 선생의 꽃음식에 대한 체계적인 분류방식과 논리적인 생각을 접할 수 없는 것이 아쉽지만 참신성과 독창성에서 현대의 꽃음식을 능가한다는 것이 놀라웠다.

꽃음식은 꽃 자체를 생으로 또는 다양한 방식으로 조리하여 먹거나 기존의 음식과 더해서 만든 음식이다. 꽃은 다른 식재료에 비해 조리과정에서 변화가 크기 때문에 다루기가 어려운 재료이지만 우리가 접하는 꽃음식의 종류가 극히 제한적이고 이나마 접할 기회가 없어서인지 대부분 식재료로서 꽃을 다루는 방법이나 조리방법을 잘 모른다.

꽃 식용의 역사가 긴 만큼 〈정조지〉에는 우리의 상상을 뛰어넘는 조리방식으로 만들어진 다양한 꽃음식이 등장한다. 매화를 소금에 절이고 밀랍을 입혀서 매화의 향과 모양을 보전하는 방식이나 유채꽃을 말려서 묵나물처럼 조리하여 먹는 방식에 신선함을 넘어서 파격적이라는 느낌을 받았다. 흐르지 않고 고여 있던 강물이 바다로 흘러나가듯, 노래하지 않던 새가 갑자기 아름다운 소리로 울기 시작하는 것처럼 현란한 꽃음식을 보면서 답답하던 가슴이 뚫리는 것 같았다.

우리가 잘 아는 진달래화전부터 독특한 방법으로 만든 국화차로 마무리되는 〈정조지〉의 꽃음식은 꽃음식에 대한 고정 관념을 바꾸어 우리만의 독창적인 꽃음식을 만드는 데 많은 기여를 하여 정체된 음식문화를 한 단계 끌어올릴 것이다.

《조선셰프 서유구의 꽃음식 이야기》에 등장하는 꽃음식의 순서는 꽃이 피는 순서에 따라 정하였다. 기존 '조선셰프 서유구 시리즈'는 앞 장에 〈정조지〉 음식을, 뒷장에 전통조리법이나 현대적으로 재해석한 조리법을 배치하였는데 《조선셰프 서유구의 꽃음식 이야기》에서는 꽃을 중심으로 〈정조지〉 꽃음식과 전통 꽃음식 그리고 현대 꽃음식을 배치하여 특정 꽃의 이미지와 감성이 음식에 담기도록 하였다. 《조선셰프 서유구의 꽃음식 이야기》에는 총 84개의 꽃음식이 소개되고 있는데 20가지의 꽃을 사용한 〈정조지〉 속의 39가지 꽃음식, 전통 꽃음식 13가지와 〈정조지〉 속의 조리법을 재해석한 꽃음식 32가지이다.

〈정조지〉의 꽃음식은 최대한 원형을 살렸고 현대인의 시각으로 이해가 되지 않는 조리법은 당시의 시대를 되살려 그 음식에 담긴 숨은 의미를 찾고자 심혈을 기울였으나 몇몇 음식은 수 세기의 세월을 소화하기에는 한계가 있었다.

전통 꽃음식은 〈정조지〉에는 실려 있지 않지만 특정 지역과 집안에서 전통적으로 해 먹던 꽃음식을 찾아서 전통방식을 살려서 조리하였다. 마지막으로 개발된 꽃음식은 기존 꽃음식에서 다루지 않은 꽃을 사용하고자 하였다. 〈정조지〉에 사용된 조리법을 응용하여 장식이 아닌 꽃과 음식이 잘 어우러지는 데 중점을 두어 꽃음식을 만들었다. 꽃의 아름다움만을 살리는 데 전전긍긍하지 않았기에 꽃의 화려함이 살아 있지 않은 꽃음식도 있지만 멋진 식재료로서의 꽃의 역할에 중점을 두어 지지고 볶고 졸여서 꽃음식을 만들었다.

〈정조지〉의 꽃음식을 복원하면서 〈정조지〉에서 사용한 꽃뿐만 아니라 다양한 꽃음식을 소개하고 싶은 마음에 익모초, 달개비, 머위, 찔레꽃, 구절초, 감국 등 야생에 피는 꽃, 고구마 등 뿌리식물에 피는 꽃, 복숭아나무, 감나무 등 과일나무에 피는 꽃과 귤나무 등 상록수에 피는 꽃도 사용하여 꽃음식을 만들었다. 처음에는 20개 정도의 꽃음식을 만들 계획이었으나 〈정조지〉의 창의적인 조리법과 꽃의 식재로서의 가능성과 아름다움에 반해 음식을 만들다 보니 《조선셰프 서유구의 꽃음식 이야기》 한 권에 담기에는 분량이 많다는 편집자의 조언을 받아들여 《아름다운 꽃음식》이라는 이름으로 한 권의 책을 더 출간하기로 하면서 《조선셰프 서유구의 꽃음식 이야기》에서는 제외되었다.

《조선셰프 서유구의 꽃음식 이야기》를 펴는 순간 화려함과는 거리가 먼 꽃음식에 조금은 당황스러울 수도 있지만 꽃이 오이나 가지처럼 하나의 식재였다는 시각에서 꽃음식을 보면 낯설음 속에서 친근함을 느낄 수 있을 것이다. 아울러 〈정조지〉 꽃음식에 등장하는 아름다운 토종 꽃을 주제로 하여 지은 시와 시조를 함께 넣어 고서 속의 꽃음식이라는 특별한 소재에 대한 이해를 돕도록 하였다.

〈정조지〉에 담긴 서유구 선생의 아름다운 정신이 《조선셰프 서유구의 꽃음식 이야기》에 담겨 향기롭고 화사하게 피어나기를 바란다.

목차

CONTENTS

꽃과 우리 민족과 사랑

우리가 세상에서 가장 꽃을 사랑하는 민족이라는 것에는 이견이 없을 것이다. 봄이면 가장 많이 듣는 단어가 '꽃구경'과 '상춘객'이다. 보릿고개를 겨우 면한 시절에도 창경원의 벚꽃 구경을 위해 상경도 마다하지 않았고 농사일은 하루 이틀 미루더라도 때를 놓치면 다음 해를 기약해야 하는 꽃구경은 미루지 않았다. 무뚝뚝한 사내도 만백성의 아버지인 임금도 적장의 목을 베는 장수도 모두 화려한 자태와 향기를 지닌 꽃을 보는 것만으로도 아름다운 상념에 빠진다. 볼거리가 많은 지금도 꽃구경에 대한 열망은 여전하여 봄이면 꽃구경을 떠나는 차량들로 주말 고속도로가 정체되는 나라는 우리나라가 유일할 것이다. 예나 지금이나 꽃구경에 큰 의미를 두는 것은 꽃을 보는 시간만큼은 온갖 크고 작은 근심에서 벗어나게 되고 몸과 마음에 환희가 넘치며 행복해지기 때문이다.

꽃은 이 세상에서 가장 아름다운 생명체이다. '꽃'이라는 짧은 단어를 듣는 것만으로도 우리의 마음에 꽃이 활짝 피어난다. 계절에 따라 피고 지는 꽃을 보는 것만으로도 행복해지고 상처받은 마음과 고단한 삶에 큰 위로를 받는다. 우리 인생에 꽃이 없다면 삭막하고 거친 모래 사막에서 지내는 것과 다름이 없을 것이다.

꽃은 우리와 오랫동안 희로애락을 나누면서 우리 민족의 삶에 큰 영향을 주었다. 그 결과 우리만의 독창적이고 섬세한 꽃문화가 생겨났고 우리의 삶 전체에 절대적인 영향을 미쳤다. 특히 꽃의 짧은 생명력이라는 한계는 사람들로 하여금 적극적으로 꽃의 아름다움을 남기고자 하는 노력을 하게 하였다. 꽃을 조각, 그림 그리기, 찍기, 종이나 실로 만들기 등을 통하여 옷이나 음식, 주거 공간, 장신구 등을 장식하는 데 사용하였다.

선인들은 꽃수가 놓인 옷과 신발을 신고 꽃이 새겨진 상다리를 가진 상에서 밥을 먹고 매화를 그린다. 밤에는 꽃이 새겨진 율다식을 안주 삼아 도화주를 마시는데 매화가 달빛 그림자를 안고 방안으로 홀연히 들어와 벽에 걸린 국화와 짝을 이룬다. 눈을 뜨면 밤새 바람에 진 살구꽃으로 마당은 눈 내린 듯하였고 간장을 뜨러 장독대를 가는 길도 측간을 가는 길도 모두 향내 나는 꽃길이었다. 잔치의 흥은 음식과 술, 노래에 머리에 꽃을 꽂은 소녀와 여인들로부터 비롯되었다. 이처럼 옛사람들의 일상은 모두가 꽃과 함께였다.

집집마다 마당에는 도화, 매화, 살구나무, 감나무 등 유실수 꽃과 접시꽃, 맨드라미, 국화, 작약, 장미 등 관상용 꽃과 호박, 박, 가지, 오이 등 채소용 꽃이 계절을 달리하여 피어나고 들판에는 개망초, 패랭이, 할미꽃, 꽃다지, 민들레, 엉겅퀴 등의 산야초 꽃과 산에는 진달래, 원추리, 산목련 등이 지천으로 피어났으니 꽃밭에 빠져 살았다고 표현해도 지나침이 없다. 아름다운 꽃을 보며 위안을 얻기도 하고 척박한 땅에서 힘겹게 피어난 아름다운 꽃을 보며 용기를 얻기도 하였다.

꽃은 표현하는 소재에 따라서 영광과 고귀함의 상징이었다. 백제의 고이왕은 금꽃으로 오라관(烏羅冠)을 화려하게 장식하여 왕의 권위와 위엄을 보였다. 무령왕릉에서 출토된 왕과 왕비의 관도 금꽃으로 장식되었고 관리들은 은꽃으로 관모를 꾸몄다. 이 전통은 고려시대에도 계승되어 중앙군인 친위군장은 관모에 금꽃 장식을 하였고 과거 급제자에게도 금꽃 장식의 모자를 씌웠다고 한다. 조선시대 과거 급제자들도 다홍, 노랑, 보라 종이꽃이 붙은 어사화를 임금이 하사하여 꽃이 영광을 상징하는 전통이 이어졌다. 조선시대 기혼 남자들이 쓰는 망건에 달아 당줄을 걸어 넘기는 작은 고리인 관자(貫子)는 직위와 품계에 따라 꽃과 재료를 달리하였는데 종 2품은 금으로 만든 국화 관자를 사용하였다.

꽃은 종교에서도 고귀한 상징물로 여겨졌다. 불교에서 꽃은 부처님께 바치는 공양품의 하나로 부처님의 공덕을 기리는 의식에 사용되었다. 특히, 진흙탕에서 피어나는 연꽃은 부처님을 상징하여 불교가 국교인 동남아시아의 나라들에서 신성한 꽃으로 여긴다.

꽃은 또 하나의 나다. 사람들은 나와 닮은 꽃이나 내가 닮고 싶은 성정을 가진 꽃을 귀감으로 삼고 그 꽃의 모습을 따르고자 한다. 매화에서는 굳세고 고매한 모습을, 국화와 해바라기에서는 한결 같은 마음을 따르고자 한다. 꽃은 인간이 언어로 담아내지 못하는 다양한 감정을 대신 표현하여 주기에 꽃은 세상에서 가장 풍부한 정서를 담은 아름답고 향기로운 언어이기도 하다. 붉은 장미는 사랑의 고백을, 카네이션은 어머니의 사랑에 대한 감사의 마음을 꽃이 대신해 준다. 꽃이 가진 상징성에 소망이나 기원을 담기도 하여 모란은 부귀를, 매화는 고매한 인품을, 개나리는 번성을 상징하므로 집안에 심어 두고 꽃이 가진 상징성을 성취하기 위해서 스스로를 독려하였으니 꽃은 책이나 말로 가르치지 않지만 뛰어난 인생의 스승이었던 셈이다.

사람들은 꽃의 영(靈)이 작용하여 인생의 길흉을 이끈다고 믿었다. 꽃이 잘 자라면 집안의 안녕의 기운을, 꽃이 죽거나 병드는 것으로 집안의 불길한 기운을 감지해 내기도 하여 꽃이 인생의 화복을 판단하는 예언자 역할을 하였다. 이처럼 꽃에 의지하고자 하는 인간의 마음은 꽃으로 인생을 점치는 꽃점을 낳기도 하였다. 문학 작품에서 꽃은 주인공의 심리변화를 나타내는 중요한 요소로 장치되고 영화에서 꽃은 관객의 감동을 이끌어내는 역할을 한다.

꽃에 담긴 수많은 전설과 이야기는 우리의 상상력을 자극하여 문학작품의 모태가 되고 이야기가 구전되면서 세대와 세대를 이어주는 징검다리가 되어 우리의 정체성(正體性)을 다지게 하는 데 큰 역할을 하였다.

꽃은 우리의 마음을 표현해 주는 또 하나의 중요한 언어요 문자였다. 붉은 꽃은 사랑이나 존경의 마음을, 흰 꽃은 위로와 슬픔의 마음을 전해주었다. 이처럼 꽃에 우리의 삶이 투영(投影)되기 때문에 어찌 보면 꽃과 인간은 일심동체(一心同體)라고도 할 수 있다.

꽃과 같이 울고 웃으며 살다가 꽃상여를 타고 한바탕 꿈 같은 이승을 떠나 영원한 삶이 기다리는 저승으로 간다. 꽃은 지지만 다시 피어나기에 우리는 꽃과 다시 만날 날을 약속하며 꽃을 보낸다. 사랑하는 사람과도 꽃처럼 잠시 이별하지만 다시 만날 것을 염원하였기에 상여에 매단 꽃송이는 그리도 많았고 우리가 나이가 들면서 꽃을 좋아하게 되는 것은 영원히 사는 꽃을 동경하기 때문이 아닐까?

꽃은 번식을 담당하는 식물의 생식기관으로 생명 그 자체다. 남자와 여자가 결혼을 하여 자식을 얻듯이 식물도 자식을 얻기 위하여 '꽃'이라는 한시적인 생식기관을 만든다. 움직일 수 없는 꽃은 아름다운 모습과 향기로 곤충을 유혹하여 수정을 하고 꽃자리에는 꽃의 자식인 열매가 열린다. 벼꽃이 있어 쌀이, 사과꽃이 있어 사과가, 밤꽃이 있어 밤이 열리므로 열매를 먹고 사는 동물들에게 꽃은 생명의 원천이며 특히 생태계의 먹이 사슬에서 가장 상위에 있으면서 가장 많은 에너지원을 소비하는 인간에게 꽃은 생명 그 자체라고 할 수 있다.

꽃이 없으면 인간은 존재할 수 없다. 꽃에 전적으로 기대어 살아가면서도 공기의 중요성을 느끼지 못하듯 꽃이 곧 우리의 생명이라는 것을 연결 짓지 못한다. 사람은 꽃이 빠진 세상을 상상조차 할 수 없지만 꽃은 사람의 도움 없이도 물과 태양만 있으면 살아갈 수 있으므로 꽃의 입장에서만 보면 인간을 위한 봉사의 삶을 살아간다고 할 수 있다. 우리를 유혹하는 아름답거나 달콤한 것들은 죽음과 맞바꿀 만큼의 고통을 주기도 하지만 꽃은 예외다. 이처럼 꽃이 인간에게 베푸는 혜택은 이루 말할 수가 없지만 꽃은 사람에게 요구를 하지 않으므로 꽃이 주는 아름다움과 향기가 더욱 고맙기만 하다.

꽃 식용의 역사

지구가 46억 년 전에 만들어졌고 꽃이 1억 5천만 년 전에, 인류가 300~500만 년 전에 지구에 등장하였으므로 공룡, 시조새와 함께한 꽃의 역사가 훨씬 더 길다. 꽃 식용은 인간이 등장한 시기부터 시작되었을 것으로 추측된다. 꽃 식용은 몸에서 부족한 영양소를 스스로 찾아서 먹는 인간의 생존본능에서 비롯되었을 것이다. 석기시대에는 수렵과 채취를 통해서 구한 고기와 곡물로 단백질, 지방, 탄수화물은 얻을 수 있지만 비타민과 무기질은 부족하였다.

사람들은 동물들이 식물을 섭취하는 과정에서 꽃도 같이 먹는데 잎보다 꽃을 더 선호한다는 것에 주목하여 자연스럽게 꽃을 먹게 되었다. 가공하지 않은 억센 식물을 먹던 사람들에게 부드럽고 달콤거나 새콤한 꽃은 이들의 입맛을 사로잡기에 충분하였다. 잎보다 꽃에 더 많이 함유된 비타민과 무기질들은 고기와 곡물의 영양 흡수를 도와서 이들의 몸은 건강해지고 활력이 넘쳐서 더 빨리 더 오래 달리게 되었고 더 많은 사냥을 할 수 있게 하였다.

1983년 충북 청원군 두루봉 동굴에서 후기 구석기 시대에 해당하는 아이의 유골과 함께 다양한 꽃가루가 발견되었는데 그중 가장 많은 것이 국화꽃으로 장례에 지금처럼 꽃이 사용된 것을 알 수 있다. 특히, 유골이 발견된 근처의 동굴 입구 모서리에서는 다량의 진달래꽃 가루가 발견되었는데 진달래꽃으로 동굴집을 장식하려고 한 것인지 식용을 하려고 한 것인지 알 수가 없지만 이 시대를 살았던 사람들이 '꽃을 사랑한 첫 번째 사람'이라는 것은 분명하다.

본격적으로 농사를 짓고 정착생활을 하면서 심미안이 생긴 사람들은 아름다운 꽃을 곁에 두기 시작하였다. 사람들은 꽃이 아름다우면서 죽지 않고 영원히 산다는 것에 주목하고 꽃처럼 아름답게 영생하고 싶은 인간의 욕망을 꽃을 먹는 것으로 충족시켰다.

우리나라의 꽃 식용에 대한 최초의 문헌상 기록은 《삼국유사(三國遺事)》에서 찾아볼 수 있다. 가락국의 수로왕은 인도 아유타국에서 온 왕비 허왕옥을 맞이할 때 향기가 그윽한 난액으로 일행을 대접하였다고 한다. 조선시대에 진달래화전, 국화화전, 화채, 진달래면, 도화주 등의 기록이 조리서에 남아 있는 것으로 보아 그 이전부터 꽃음식을 계속 먹어 왔음을 알 수 있다. 일부 지역의 사람들은 감자국에 원추리를 넣었고 부추꽃, 참등꽃, 으름꽃, 싸리꽃, 찔레꽃 등을 나물과 생채로 먹었으며 호박꽃은 조선시대에 궁중에서 사용하였다는 기록이 있다.

1589년 권문해가 쓴 백과사전인 《대동운부군옥(大東韻府群玉)》에는 산다화로 만든 차가 소개되고 있으며, 1809년 빙허각 이씨가 쓴 《규합총서(閨閤叢書)》에는 국화차, 매화차를 만들고 보관하는 지혜를 소개하고 있는데 꽃송이를 꿀이나 소금에 절였

다가 여름에 마시면 맛과 향이 그만이라고 하였다. 1800년대 말 조리서인《시의전서(是議全書)》에도 오미자 우린 물에 진달래를 띄운 두견화 화채와 황장미 화채가 기록되어 있음으로 미루어 꽃이 음료에 많이 활용되었음을 알 수 있다.

꽃 요리의 본질과 우리 꽃음식

　　꽃 요리에 관심을 갖게 된 것은 세계 최고 요리사 10명이 운영하는 식당을 취재하는 프로그램에서 비롯되었다. 요리사의 대표 음식을 만드는 과정과 요리사의 삶과 요리에 대한 철학, 그리고 요리에 담고자 하는 의도가 음식을 만드는 주방과 음식을 먹는 손님을 오가며 치열하면서도 느긋하게 소개되었다. 과학 실험실에서 사용하는 원심분리기까지 동원되어 나온 음식은 감탄과 이질감을 동시에 느끼게 하였지만 결국, 최고의 요리사들이 추구하고자 하는 것은 접시에 자연의 아름다움을 담는 것이었다. 대부분의 식당은 자신들의 음식에 특별함을 더해 줄 꽃과 허브가 자라는 정원을 가지고 있었다. 요리사들은 고객들이 자신의 음식으로 자연과 공감하고 자연에서의 추억을 불러일으키도록 한다고 한다. 특히, 계절을 느낄수 있도록 온갖 노력을 아끼지 않았다. 어떤 요리사는 음식과 함께 낙엽을 접시에 올리고 식사를 하기 전 낙엽을 태운다. 낙엽 타는 냄새를 맡은 손님은 아버지가 낙엽을 모아 태우던 소년시절, 늦가을의 어느 날을 떠올리게 되며 음식은 진정한 가을 음식이 된다. 겨울에는 성엣장에 음식을 올려 따뜻한 식당에서 찬 겨울을 음미하게 한다. 이런 방법들은 연출이 필요하고 예상치 못한 부작용을 낳을 수 있다.
이 외에도 작고 소박한 꽃들로 계절을 담는 것도 최고의 요리사들이 즐겨 사용하는 방법이었다. 요리사가 정원에 핀 꽃들에게서 영감을 받아 음식을 만들고 섬세하게 조리된 꽃은 핀셋으로 집어 음식에 올려지는 아주 짧은 순간은 모든 것이 멈추어진 것 같았다.
봄에 피는 가냘픈 제비꽃으로 보랏빛 시럽을 만들어 접시에 뿌리자 접시는 따뜻하고 활력이 넘치는 정원이 되고 다양한 계절 꽃과 함께 쪄낸 생선에서는 생기가 돌기 시작한다. 작은 꽃 몇 송이가 마법을 부린 듯하였다. 음식에 자연과 계절을 담기에 가장 효율적인 식재료는 바로 꽃이었다. 꽃은 소박하고 단순한 음식도 사치스럽고 우아하며 섬세한 음식으로 바꾸어 준다.

보랏빛이 아름다운 제비꽃 시럽의 맛은 어떨까? 왜 요리사는 많은 꽃 중에서 시럽의 소재로 제비꽃을 선택했을까? 제비꽃은 흔하게 볼 수 있는 꽃인데 다른 나라에서는 자국 요리의 품격과 우아함을 돋보이게 하는 휼륭한 식재료로 사용하고 있는 점이 부러웠다. 꽃음식에 관심을 갖고 최근 개발된 꽃음식을 봤지만 자연스럽지 않았다. 처음에는 꽃이 더해진 화려한 음식이 눈길을 사로잡지만 알록달록한 꽃음식에 싫증이 느껴지곤 하였다.

우리는 선사시대부터 꽃을 식용해오기는 했지만 꽃음식을 접할 수 있는 기회가 절대적으로 부족하고 꽃은 관상용이라는 인식이 강하여 귀한 식용 꽃이 음식에 올라와도 인조 장식물처럼 여긴다. 독이 없는 꽃은 다 먹을 수 있으므로 식용 꽃의 종류는 매우 많지만 실제 음식을 만들어 먹기에는 향이나 질감, 맛 등이 부적합한 꽃들이 많다. 꽃이 가진 식재로서의 한계와 구황 식품이나 음식 장식의 의미마저 퇴색하면서 꽃을 식재료로 활용하려는 노력은 거의 이루어지지 않았다. 먹을 것이 넘쳐나 꽃으로 배를 채울 필요가 없어졌고 음식을 돋보이게 하기 위해 생화로 음식을 장식하던 것도 인조화가 등장하면서 금방 시들어 버리는 생화를 찾지 않게 되었다.

다양한 식재료에 대한 시대적 요구와 음식의 차별화 전략, 기능성 식품으로서의 꽃의 효능이 입증되면서 꽃음식에 대한 관심이 높아지고 있지만 단순한 조리법과 제한된 꽃의 사용으로 식상하기만 하다.

꽃비빔밥, 꽃샐러드, 주먹밥, 김밥 등에 꽃이 쓰이고 있기는 하지만 아직은 부재료로서의 역할에 머물고 있다. 우리가 전통적으로 먹던 국화주나 진달래화전이 적극적으로 꽃을 음식의 식재료로 조리하였다면 최근 개발된 꽃음식들은 한결같이 꽃을 조리하지 않고 생으로 활용하고 있는 정도다. 피자에 꽃을 올리면 꽃피자, 유부초밥에 넣으면 꽃유부초밥, 비빔밥에 넣으면 꽃비빔밥이 되므로 음식이 각기 다른 식재들을 합하여 조리한다는 의미에서는 조금 무성의하게 느껴지는 것이 꽃 요리의 한계라고 생각된다.

"아무 음식이든 꽃만 넣으면 꽃음식이네."라는 것이 최근 개발된 꽃 요리를 먹은 사람들의 평가다. 결국 꽃음식이 눈으로 즐기는 보여주기 위한 호들갑스러운 음식이라는 한계를 넘지 못하고 있는 것이다. 꽃음식이 예쁘다고 탄성을 지르지만 막상 식욕을 불러일으키지는 못한다. '보기 좋은 떡이 먹기도 좋다'는 말이 있지만 꽃음식에서는 예외인 것 같다. 음식에 올려도 꽃이 금방 시들어 버려서 빨리 먹지 않으면 지친 음식으로 보여지고 꽃을 먹는다는 생경함을 극복하면서까지 먹어야 할 만큼 꽃음식이 절실하지는 않다. 사진이나 화면으로 접하는 꽃음식은 한결같이 화려한 생꽃을 듬뿍 올려 음식이 꽃에 가려져 있어 꽃음식에 대한 거부감은 더해진다. 식용 꽃을 구하기가 어렵다는 점도 우리 꽃음식의 발전을 저해하는 큰 요소이다. 서양이나 일본에서는 다양한 식용 꽃이 시장에 출하되고 생산자의 직접판매가 보편화되어 있으며 백화점이나 슈퍼마켓에서도 판매된다. 중국에서도 채소가게나 시장의 좌판에서 쉽게 식용 꽃을 구입할 수 있는데, 우리는 판매처가 제한적이고 식용 꽃을 판매하더라도 카네이션, 국화, 장미 정도로 종류가 극히 제한적이다. 결국 꽃음식은 먹는 사람은 화려하기는 하지만 가격이 비싸고 맛은 없는 음식이라는 인식을 갖게 되고 만드는 사람은 꽃을 구하기가 어렵고 음식에 올렸을 때 시들어 버리며 남은 꽃은 보관하기도 어려운 비경제적인 음식이 바로 꽃음식이라는 생각을 가지고 있다.

위와 같이 꽃으로 음식을 만드는 데 발생하는 현실적인 문제와 더불어 꽃음식을 바라보는 우리의 태도에도 문제가 있다. 현대인들은 꽃음식을 세계 요리계의 최대 화두인 자연을 담은 음식으로 경제적 가치를 높이는 데 의미를 둔 탓에 꽃의 아름다움과 영양적인 측면만 강조하여 어설픈 음식에도 꽃을 올리고 완성도가 높은 음식이라고 과대 평가한다. 꽃에는 사람의 몸에 좋은 다량의 영양소들이 함유되어 있지만 주름이 펴져서 동안이 된다든가, 관절염과 두통이 사라진다 등으로 만병통치약처럼 과대 포장하는 것은 꽃음식에 대한 잘못된 인식을 갖게 하는 일이다.

하루가 다르게 사람의 질병을 치료하는 치료제와 건강보조제가 개발되는 현대에는 꽃음식이 가진 여러 장점 중에서 우리의 마음을 가꾸어 주는 자연과 교감하는 음식이라는 데 의미를 두어야 한다.

꽃음식을 만들어 먹고 즐기다 보면 꽃과 더 친해지고 자연스럽게 자연친화적으로 몸과 마음이 변한다. 꽃이 식재료가 되어 지지고 볶고, 찌고, 튀기고 절여서 꽃음식으로 만들어지면 음식에 관련된 이야깃거리가 풍성해진다. 꽃은 꽃이다. 꽃이 우리의 식탁에 올라옴으로써 자연을 느끼고 행복해지며 덤으로 건강에 보탬이 되는 것으로 만족해야 한다고 생각한다.

우리의 꽃음식은 이제 겨우 걸음마를 떼는 수준이다. 꽃음식의 미적인 아름다움에 주목한 요리사들이 다양한 꽃음식을 만들고는 있지만 꽃에 대해서 제대로 아는 것이 없이 꽃음식을 만들고 있는 것은 아닌가 하는 우려의 마음이 생겼다. 꽃음식을 만들고 자랑스러운 얼굴을 짓는 요리사나 꽃음식의 화려함에 박수치고 환호하는 사람들에게 〈정조지〉 속의 삶아지고 말려지고 절여진 식재료인 꽃으로 만든 꽃음식을 소개하고 싶었다.

타코 속에 담긴 호박꽃에는 잉카의 찬란한 역사가 담겨 있고 한 번에 피었다가 하루아침에 지는 허무해서 더욱 아름다운 벚꽃으로 만든 케이크와 빵에 일본 무사의 정신이 담겨 있다는 것을 알고 있을까? 일본 여행에서 유명한 벚꽃빵을 먹고 호텔에서 봄철 한시적으로 판다는 벚꽃 성찬을 즐겨야 일본 여행을 제대로 한다는 기사를 보면서 이 글을 쓴 기자가 진달래화전을 먹어 본 적이 있는지 궁금해졌다. 자국을 넘어서 다른 나라 사람들에게 감동을 주는 꽃음식을 우리도 만들어야 한다는 소명감이 《조선셰프 서유구의 꽃음식 이야기》를 서둘러 써야 할 책으로 꼽게 했다.

우리의 맛과 멋, 그리고 정서와 정체성을 대표할 수 있는 꽃음식은 무엇인지에 대해서 《조선셰프 서유구의 꽃음식 이야기》를 읽으면서 진지하게 생각해 보았으면 한다.

〈정조지〉에는 우리 산야에서 그리고 텃밭에서 흔히 볼 수 있는 상추꽃, 원추리꽃,

부추꽃 등 소박한 꽃으로 데치고, 절이고, 무치는 등 다양한 조리법을 활용한 꽃음식이 실려 있다. 지금의 현실과는 맞지 않는 꽃음식도 있지만 다른 꽃음식에 활용할 수 있는지를 눈여겨보아야 한다. 〈정조지〉에 담긴 꽃음식에서 작은 것의 아름다움, 생명의 소중함, 소소함 속에서 빛나는 찰나, 선인들의 멋과 낭만과 여유를 느꼈다.

서유구 선생이 주신 〈정조지〉의 꽃음식이 건강한 몸은 물론 꽃처럼 고운 마음을 가꾸는 데도 보탬이 되어 삶의 향기가 더해지기를 바란다. 아울러 우리의 인생도 곱고 아름답게 꽃 피우는 데 《조선셰프 서유구의 꽃음식 이야기》가 조금이나마 도움이 되었으면 한다.

공조팝나무

월매

밝은 달 투영되는
활짝 핀 매화

꽃잎마다 전설처럼
사연이 있어
이 한밤 깊은 정담
이어지는데
꽃술은 여인의 눈썹 같이
향기 그윽해
첫눈처럼 나리는
꽃잎의 속삭임
순결한 사랑을 이야기한다.

- 평보

제1장

○

매화꽃

중국에서 건너온 매화는 많은 시인과 묵객의 사랑을 받았고, 그만큼 많은 시와 그림의 주인공이 되었다. 매화는 장미처럼 화려하거나 목단처럼 탐스럽지 않지만 우아하고 수수하면서도 화려한 것이 매화의 매력이다.

겨울의 찬 기운으로 피어난 매화는 다른 꽃에서 느낄 수 없는 범접하기 어려운 위엄을 갖추고 있다. 매화는 다른 꽃들이 웅크리고 있을 때 추위를 떨치고 피기 때문에 우리에게 주는 감동이 크다. 매화는 거친 나무줄기를 뚫고 힘겹게 나왔지만 그 모습은 투쟁적이지도 투박하지도 않고 아름답다. 아름다움과 위엄이라는 상반된 이미지를 동시에 가질 수 있는 꽃이 또 있는지 생각해보지만 매화만한 꽃이 떠오르지 않는다.

우리 선조들은 누구나 북풍한설에도 아름다움과 기품을 잃지 않는 매화를 마당에 두세 그루 심어 두고 그 고매함을 배우고자 하였다.

어려움 속에서도 가학을 이어 백성을 잘살게 하고자 하였던 서유구 선생의 마음이 추위와 찬바람, 거친 나무줄기라는 악조건 속에서 피어나 우리의 삶에 기쁨을 주는 매화의 성정과도 닮았다.

매화를 음식으로 만들어 먹는다는 것은 고결과 의리, 인내라는 매화의 정신도 함께 먹는 일이라 생각되어서인지 혼탁한 마음결을 매만지게 된다. 매화로 만든 향긋하고 고운 빛 나는 매화음식을 먹으면 매화를 닮을 것 같다.

* 매화의 효능

매화의 향은 깊고도 그윽하여 향을 취하는 것만으로도 몸과 마음을 정화시켜준다. 환절기에 신체 면역력이 떨어졌을 때 매화꽃을 꾸준히 섭취하면 면역력 증진에 효과가 있어 감기 예방에 탁월하다. 매화꽃은 혈액순환에도 도움을 줘 체온 유지에 좋다. 또한 잘못된 식습관과 음주 등으로 위 관련 질환을 걱정하는 사람들도 매화꽃을 꾸준히 먹으면 위를 감싸고 위산을 보호하는 매화꽃의 효능으로 위 관련 질환 예방에 효과가 있을 수 있다. 매화는 신경과민으로 가슴이 답답하고 소화가 안 되고, 목 안에 이물감이 느껴지는 증상에 효과가 있으며 기미, 주근깨가 생기는 것을 막아주어 피부를 맑고 곱게 가꾸어 준다.

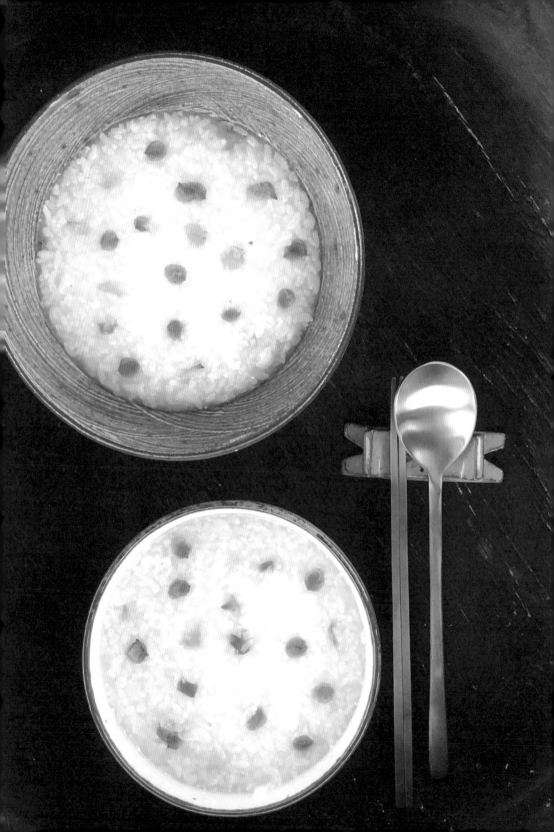

🐝 매화죽

〈정조지〉 권2 취류지류(炊餾之類), 매죽방(梅粥方)

붉은빛이 짙은 흑매화가 필 무렵의 지리산 화엄사 경내에는 흑매화를 사진에 담으려는 사람들로 인산인해를 이룬다. 옛날 선비들도 흑매화를 그리고자 붓과 벼루를 챙겨 흑매화를 찾았다가 흑매를 넣은 매화죽을 먹었을 것이다.

서유구 선생이 매죽(梅粥)이라고만 하여 매화의 색을 특정하지 않았다는 생각이 들어 비바람에 지고 있는 귀한 흑매화 30여 송이를 종이봉투에 보물처럼 담아 왔다. 눈녹은 물로 죽을 끓이라 하여 계곡을 흐르는 물을 담아왔다. 하루만 늦었어도 흑매화를 구하지 못할 뻔하였다고 생각하니 우중에도 길을 나선 것이 다행이다 싶었다.

깨끗한 흰쌀을 씻고 또 씻었다. 흑매화를 최대한 아름답게 돋보이게 하기 위해서는 바탕이 되는 쌀죽이 무척 중요하기 때문이다. 흰쌀죽이 한소끔 끓어오르기 시작할 때까지 중간 정도의 불땀을 유지하다가 잠깐 불을 꺼서 2분 정도를 되작여 준다. 다시 중불에서 약불로 불을 조절하고는 흑매화가 고운 색을 잃어버릴지도 모른다는 불안한 마음을 안고 흑매화를 뜨거운 죽 속에 던졌다. 나무 주걱으로 죽과 뒤섞어주자 흑매화는 거대한 파도가 삼킨 듯 흔적도 없이 사라져 버린다. 깜짝 놀라서 주걱으로 죽을 뒤적거리자, 흰쌀 속에 숨어 있던 흑매화가 쏘옥 얼굴을 내민다.

눈이 부시도록 하얀 쌀죽에 진붉은 흑매화가 수를 놓은 것 같다. 눈과 코가 먹은 것만으로도 이미 충분한 아름답고 향기로운 흑매화죽이 《조선셰프 서유구의 꽃음식 이야기》의 긴 여정이 시작되었음을 알려준다.

* 흑매화는 진한 붉은빛의 매화를 말한다.

재료 매화 30송이, 멥쌀 2/3컵, 눈 녹은 물 6~7컵

만드는 방법
흰 멥쌀을 밥을 할 때보다 깨끗이 씻어 한 시간 정도 불려 둔다.
냄비에 쌀을 붓고 약불에서 잠시 볶아준 다음 죽을 끓이기 위한 전체 분량의 물을 붓고 나무 수저로 저어가며 중불에서 끓인다. 죽이 끓으면 잠시 불을 껐다가 물이 잦아들면 다시 불을 켜고 중약불로 저어가며 끓이고 쌀알이 부드러워지면 쌀알이 퍼질 때까지 약불을 유지했다가 쌀알이 완전히 퍼지면 불을 끈다.
매화를 넣은 다음 재빠르게 저어준다. 그릇에 매화죽을 담는다.

* 중간에 죽에 물을 더 첨가해야 하는 경우 뜨거운 물을 부어준다.

매화탕 1

〈정조지〉 권3 음청지류(飮淸之類), 암향탕(暗香湯)-탕탄매방(湯綻梅方)

남쪽에 매화가 피었다는 반가운 소식이 들려오자 섬진강 줄기를 따라 매화를 찾으러 떠났다. 꽃보라가 휘날리는 산자락에는 매화의 맑은 향기로 가득하여, 거시시한 눈이 밝아지면서도 도리어 정신은 아득하다. 막상 매화를 따려고 하니 자꾸만 손이 멈칫거린다. 한 송이 두 송이⋯. 내키지 않는 마음으로 반쯤 핀 매화를 따다가 나무 아래 수북하게 쌓여 있는 매화꽃에 눈이 간다. '그래~ 어차피 사나흘이면 낙화할 신세인 매화를 음식으로 만드는 것이 더 의미가 있겠지'라고 위안을 삼자 대나무칼로 매화를 따는 손에 힘이 들어간다.

반쯤 핀 매화꽃에 밀랍을 입히자 연약한 매화가 노란 갑옷을 입고 씩씩하게 다시 태어났다. 매화의 향과 밀랍의 향이 잘 어울린다. 밀랍을 입은 매화는 방부성과 방충성을 지녔으므로 오래 보관할 수 있다. 주둥이가 작은 장군 안에 넣고 시원한 곳에 두었다. 가을이 되어 장군에서 꺼냈는데 매화는 여전히 노란 갑옷을 입은 그대로다. 매화 두어 송이를 잔에 넣고 뜨거운 물을 부었다. 밀랍이 녹으면서 숨겨져 있던 매화가 긴 잠에서 깨어난 백설공주처럼 기지개를 켠다. 달콤한 밀랍향과 고상한 매향이 쌀쌀맞은 가을을 깜짝 놀라게 한다. 탕탄매방(湯綻梅方)이라는 이름 중 낯선 탄(綻) 자를 찾아보았다. '탄'은 봉오리가 벙글어지면서 피어난다는 뜻이다. 노란 갑옷을 벗은 매화가 농밀한 향기와 우아한 자태를 자랑하며 다시 피어났다. 완벽하다!

재료 반쯤 핀 매화 200송이, 천연 밀랍 90g, 찻물 2컵 **도구** 장군, 대나무칼, 유선지, 핀셋

만드는 방법
반쯤 핀 매화를 따서 매화를 가볍게 씻은 다음 물기를 완벽하게 제거한다.
팬에 밀랍을 녹인 다음 매화를 핀셋으로 집어 녹은 밀랍에 매화를 담근다.
밀랍을 쓴 매화를 유선지에 조심스럽게 담아 장군 안에 보관한 다음 밀봉하였다가 필요할 때 꺼내서 매화를 잔에 담는다. 매화에 뜨거운 물을 붓는다.

* 밀랍을 녹일 때는 두꺼운 팬을 사용하고 불 조절에 신경을 써야 한다. 밀랍이 너무 뜨거우면 매화가 오그라지므로 팬을 불에서 내려 밀랍의 온도를 낮춘다. 밀랍이 노랗게 굳기 시작하면 다시 불에 올려서 밀랍을 녹이고 온도가 높아지면 다시 불에서 내려 놓기를 반복해야 매화꽃이 예쁘게 코팅된다.

매화탕 2

〈정조지〉 권3 음청지류(飮淸之類), 암향탕(暗香湯)

연록의 꽃받침에 살며시 앉아 있는 매화를 가득 따서 돌아오는 차 안은 그윽한 매화 향이 가득해 매화 바다에 빠진 것 같다. 매화의 강렬하면서도 은은한 향이 몸과 마음을 간질러 태우는 것 같다. 보기에도 아까운 매화를 소금에 절인다. 매화가 없는 철, 매화의 향과 매화에 담긴 고상한 정신을 즐기고자 하는 선비의 마음이 매화와 함께 절여진다.

매화 무게와 동량의 소금을 넣고 변화 과정을 살펴보았다. 일주일이 지나도 매화에서는 물이 생기지 않고 소금과 매화가 따로 놀고 있다. 불안하여 냉장고에 넣어두었다. 일년이 지나도 매화와 소금은 조금 더 엉겼을 뿐이다. 다시 실온에 두어도 여전하다. 매화에 수분이 없어서 더 이상의 변화가 없을 것 같아 매화가 피기 전 3월의 어느 날 소금에 절여진 매화를 꺼낸다. 매화의 향기가 소금과 시간 속에서도 변함이 없어 선비들이 매화를 사랑한 이유가 절로 느껴진다.

매화가 추위를 이기고 나온 강인한 꽃이기에 소금을 이겨내고 자신을 잃지 않는 것 같다.

밀랍을 입힌 매화탕이 은근하다면 매화를 소금에 절여서 꿀로 단맛을 낸 이 매화탕은 짠맛과 단맛의 충돌을 이용하여 극적인 맛과 농축된 매향을 이끌어냈다. 담백하고 향기로운 짠맛이 혀끝에 머물러 탕탄매방보다 깔끔한 뒷맛을 남긴다. 소금에 절인 매화탕은 단순함의 아름다움이 무엇인지를 알게 한다. 매화차를 마시면서 '불멸'이라는 엄숙한 단어가 떠오르는 것은 죽어가는 선비정신에 대한 안타까움이 아닐까?

재료 반쯤 핀 매화 400g, 볶은 소금 400g, 꿀 조금, 찻물 조금　**도구** 항아리, 두꺼운 종이

만드는 방법

매화를 채취하여 씻은 다음 바구니에 담아 물기를 제거한다.

매화를 항아리에 안치면서 볶은 소금을 켜켜이 뿌린 다음 매화 항아리를 두꺼운 종이로 여러 번 잘 밀봉한다.

잔에 미리 꿀을 부어 두고 소금에 절인 매화를 잔에 넣은 다음 뜨거운 물로 끼얹는다.

* 항아리가 없으면 유리병에 담는다.

홍매화 밀전병

재료 홍매화 10송이, 밀가루 1컵, 물 1컵, 소금 2.3g, 두릅 10개, 식용유

만드는 방법
두릅은 가는 줄기를 떼어내고 정리하여 끓는 물에 데쳐둔다.
홍매화는 물에 살짝 씻어 핀셋으로 꽃받침과 수술을 제거하고 밀가루에 물, 소금을 더한 다음 체망에 걸러 굵은 반죽을 걸러낸 다음 팬이 달궈지면 식용유를 넣고 키친타월로 닦아내며 팬 전체에 기름을 얇게 입힌다. 밀가루 반죽을 한 수저 떠서 팬 위에 조심스럽게 놓고 재빠르게 수저로 둥근 모양을 만들면서 얇게 반죽을 펴고 반죽이 2/3 정도 익으면 홍매화를 올린다. 전병을 뒤집어 매화를 살짝 익혀서 꺼내 두었다가 전병이 식으면 두릅을 올려 놓고 둘둘 말아준다.

소금에 절인 매화를 얹은 생선초밥

재료 소금에 절인 매화 20송이, 초밥용 밥 200g, 초밥용 생선회 20쪽, 단촛물(레시피 참고) 1T, 레몬 1/4개, 와사비 조금, 간장 조금

만드는 방법

소금에 절인 매화는 찬물에 씻어 깨끗하게 손질하고 맛있는 초밥용 밥을 짓는다. 단촛물을 넣고 골고루 섞은 다음 손에 식초 물을 바른 후 초밥을 10g 정도 집어서 초밥 모양으로 만든다. 초밥 위에 생선회를 얹고 소금에 절인 매화를 올린 다음 와사비 간장에 찍어 먹는다.

매화주를 넣은 매실잼

재료 술에 절인 매화 100g, 매화주 50ml, 매실 50개, 바나나 1/2개, 매실발효액 1/2컵, 설탕 1/2컵,
꿀 1/2컵

만드는 방법
청매실은 식초 물에 담가 씻고 씨를 발라 과육을 준비한다.
술에 절인 매화꽃과 매실과육을 믹서기로 갈다가 바나나를 넣고 다시 갈아 냄비에 넣고 설탕, 꿀,
매실 엑기스를 넣고 졸인다.
나무 주걱으로 잼을 저어주면서 약불에서 졸이다가 되직해지면 매화주를 넣는다.
선호하는 잼의 농도가 되면 불을 끄고 차게 식힌 후 유리병에 보관한다.

* 잼을 만들 때 잼과 어울리는 술을 넣어주면 설탕의 양을 줄여도 잼이 잘 상하지 않고 맛도 깔끔하다.

❊　홍매화 밀전병

　　홍매화는 참으로 화려하다. 붉은 장미나 수선화, 튤립을 화려한 꽃이라 하지만 홍매화를 보는 순간 작은 꽃이 가진 앙증맞은 화려함에 깜짝 놀랐다. 작은 낯바닥의 한가운데 박힌 누에가 토해낸 반짝이는 비단실 같은 수술까지 홍매화를 만든 창조주를 찬미하게 한다.

뜻하지 않은 장소에서 갑작스럽게 홍매화를 본 순간 매화처럼 봄을 알리는 두릅이 파랗게 웃으며 다가온다. 홍매화와 두릅을 흰 접시에 올려 놓고 바라보는데 진다홍빛 치마에 푸른 저고리를 입은 낯빛이 흰 여인이 떠오른다.

흰 밀가루 반죽을 한 수저 떠서 동그란 전병을 만들어 홍매화를 올린 다음 뒤집어서 홍매화와 밀가루가 합해지도록 열기운을 더했다. 홍매화와 밀가루가 한몸이 되면서 조금 더 색이 진해진다. 두릅을 밀가루 전병에 올려서 돌돌 말았다. 봄을 알리는 아름다운 두 전령사가 오롯하게 나를 바라본다.

❊　소금에 절인 매화를 얹은 생선초밥

　　소금에 절인 향기로운 매화를 매화탕에만 쓰는 것이 너무 아쉬워 짭짤한 매화와 어울릴 수 있는음식을 생각한다. 매화가 필 무렵에는 바다에도 봄이 찾아오기 시작한다는 생각이 들어 생선을 떠올린다. 매화의 향이 생선의 비릿함을 줄이고 짭조름한 맛이 초밥과 조화를 이룰 것 같아 봄바다 냄새가 나는 생선초밥에 매화를 얹는다. 머리로 만들어 낸 음식과 실제로 만든 음식과의 맛의 차이가 궁금하여 초밥 만드는 손길을 서두른다.

매화의 향과 맛을 살리기 위해서 초밥에 넣는 소금의 양을 줄였다. 다 만들어진 광어와 연어 초밥 위에 소금에 절인 매화를 올렸다. 소금에 절여도 전혀 죽지 않는 매화의 향이 감동스럽다. 꽃 향이 천 리를 간다고 하더니 바로 매화의 향기를 말하는 것이라고 확신한다.

작은 매화가 나비처럼 초밥 위에 살짝 내려앉았다. 간장을 찍지 않고 그냥 먹어 보았다. 매화 초밥이 입으로 들어가기 전 강한 향기를 남기며 존재감을 드러낸다. 담백한 광어살에 짭짤한 매화의 맛이 잘 어울린다. 그래 바로 이 맛이다! 소금에 절인 매화라 생선초밥에 사계절 내내 올릴 수 있다.

* 단촛물 만들기

식초 1컵, 백설탕 130g, 소금 2 1/2T, 미림 1T, 다시마 1쪽을 넣고 끓기 전에 불을 꺼준다. 레몬 한쪽을 넣고 식힌 다음 냉장고에 넣고 사용한다.

* 맛있는 초밥용 밥짓기

쌀은 1~2회는 물을 흘려보내면서 씻은 다음 함지에 넣고 쌀뜨물이 나오지 않게 씻는다. 쌀을 건져서 물을 뺀 후 30분 정도 '마른 불림'을 한다. 다시 쌀을 찬물에 담가 30분 정도 불려준 다음 가스불에 냄비밥을 짓는다. 처음 중불에서 밥짓기를 시작하는데 밥이 한소끔 끓으면 불을 끈다. 밥의 물기가 흡수되면(약 2~3분 후) 다시 가스불을 켜고 약불로 밥을 하다가 뜸이 들 무렵 1분 정도 중강불로 가스불을 올려준 뒤 불을 끈다.

✳   매화주를 넣은 매실잼

　　　　매화나무와 매실나무가 한 나무라는 사실을 깨닫고 새삼스럽게 놀란 적이 있었다. 매화의 우아한 아름다움과 청신한 향기가 강한 신맛을 가진 매실과의 연결고리를 끊어 놓았던 것이다. 매화가 진 자리에 인간에게 유익한 매실이 맺힌다는 사실에 고매한 기품의 상징으로 멀게 느껴지던 매화가 친근하게 다가온다.

서로 남남일 것 같은 매화와 매실을 합한 음식을 만들기로 한다. 매실은 다양한 방법으로 가공되지만, 잼으로 만들어 먹는 것이 가장 손쉽게 먹을 수 있는 방법이다. 달콤시큼한 매실잼에 매향이 살아 있는 쌉싸름한 매화주를 넣는 것만으로 단맛과 매화잼 특유의 시큼한 맛이 줄어들었다. 천 리 밖에서 날아오는 듯 아련한 매향이 풍기는 상큼한 맛의 매화매실잼이 매화주 탓에 살짝 휘청거린다.

* 매화매실잼을 활용한 요리

1. 매화매실잼으로 불고기를 재면 매화의 향기와 약성을 담은 아주 특별한 불고기가 된다.
2. 매화매실잼을 1T 정도 잔에 넣은 다음 따뜻한 물에 녹이면 소화를 촉진하고 정장에 좋은 매실차가 완성된다.
3. 매화매실잼을 고추장 담글 때 넣으면 단맛은 덜 변하면서 변질되지 않는 고추장이 된다.

옛사람들은 정원에 어떤 꽃을 심고 가꾸는지에 따라 사람의 품격과 사람됨을 가늠하였기에 이상적인 꽃을 가꾸는 데 정성을 들였다. 선비들은 자신의 정원에 '꽃'을 가꾸듯 자신의 내면을 가꾸었다. 조선 초기의 명신 강희안(姜希顔)이 지은 우리나라에서 가장 오래된 원예서적인 《양화소록(養花小錄)》에서 강희안은 꽃의 상징적 의미를 평가하여 꽃의 품계를 다음과 같이 9품계로 나누었다.

강희안의 「화목구품(花木九品)」

품계 1품 소나무, 대나무, 연꽃, 국화

2품 모란

3품 사계화, 월계화, 왜철쭉, 영산홍, 석류, 벽오동

4품 작약, 서향화, 노송, 단풍나무, 수양버들, 동백

5품 치자, 해당화, 장미, 복숭아꽃, 삼색도, 흰진달래, 파초, 전춘라, 금잔화

6품 백일홍, 홍철쭉, 분홍진달래, 두충나무

7품 이화(배나무꽃), 행화(살구나무꽃), 보장화, 정향나무, 목련

8품 촉규화, 산단화, 옥매, 출장화, 백유화

9품 옥잠화, 불등화, 연등화, 연교화, 초국화, 석죽화, 앵속각, 봉선화, 계관화, 무궁화

《화암수록(花庵隨錄)》은 조선 후기 황해도에 살던 선비 유박(柳璞, 1730~1787)이 황해도 배천(白川)의 금곡(金谷)에 백화암(百花菴)과 우화재(寓花齋)란 집을 짓고, 화원을 경영하면서 얻은 꽃에 대한 지식을 바탕으로 꽃의 품계를 나누어 품평을 가하고, 이헌경(李獻慶)·채제공(蔡濟恭) 등의 기문(記文)을 받아 완성한 책이다. 꽃의 등급을 아홉으로 나누어 기술하였다.

유박의 「화목구등품제(花木九等品第)」

등수 1등 매화, 국화, 연꽃, 대나무, 소나무(뛰어난 운치)

2등 모란, 작약, 영산홍, 해류, 파초(부귀)

3등 치자, 동백, 사계화, 종려나무, 만년송(운치)

4등 화리, 소철, 서향화, 포도나무, 귤나무(운치)

5등 석류, 복숭아나무, 해당화, 장미, 수양버들(번화)

6등 두견화, 살구나무, 백일홍, 감나무, 오동나무(번화)

7등 배나무, 정향나무, 목련, 앵도나무, 단풍나무

8등 무궁화, 석죽, 옥잠화, 봉선화, 두충나무

9등 규화, 전추사, 금전화, 창잠(창포), 화양목

등외 능금나무, 단내, 산수유, 위성류, 백합, 상해당, 산단화, 철쭉, 백자, 측백나무, 비자나무, 은행나무 등을 꼽았다. 아름다움이 꽃을 평가하는 가장 중요한 요소가 되는 현대인의 시각으로는 등수와 품계 속에 들어간 꽃들의 순위가 다소 낯설지 모르지만 꽃이 상징하는 충절, 의리와 더불어 꽃의 감추어진 속성까지 포함하여 평가하는 선인들의 자세는 배워야 할 태도이다.

진달래

날더러 어찌하라고
난 어찌하라고
진달래는 저렇게 고운 연분홍으로
확, 피어나는가
바람에 파르르 떨며
이른 봄빛에 사르르 알몸을 떨며
무거웠던 그 겨울을 활활 벗어 버리고
연분홍 연한 맨살로
만천하에 활짝 헌신하는 이 희열
아, 난 어찌하라고
날더러 어찌하라고

- 조병화

제2장

○

진달래꽃

"봄이 오면 산에 들에 진달래 피네, 진달래 피는 곳에 내 마음도 피어, 건너 마을 젊은 처자 꽃 따러 오거든, 꽃만 말고 이 마음도 함께 따 가주"

건너 마을 젊은 처자는 화사한 진달래꽃을 따다가 어떤 음식을 만들었을까? 아마, 날꽃을 그냥 먹기도 하고 화전을 부치거나 빛깔 고운 진달래주를 담가서 아버지를 대접하였을 것이다.

진달래는 백두에서 한라까지 온 산을 붉게 물들이는 봄꽃으로 두견새가 울 때 핀다 하여 '두견화', 사람이 먹을 수 있어서 '참꽃'이라고도 한다. 척박한 땅에서도 잘 자라는 진달래의 생명력은 어둠의 계절인 겨울을 이기고 봄기운을 받아 새롭게 살아나는 여러해살이의 힘과 생명의 환희를 보여준다. 진달래가 만개하는 시기는 나무의 새순에 물만 오르고 돋아나지는 않아서 진달래가 키가 작지만 유독 눈에 잘 띈다.

붉은 진달래는 젊은 여인을, 연분홍 진달래는 중년 여인을, 보랏빛 진달래는 할머니를 상징한다고 한다. 거친 바위틈에서 피어나는 흰 진달래는 임금이 계신 북쪽을 향해서 핀다고 해서 충신을 상징하다고 한다. 산어귀마다 어김없이 수줍게 웃고 있는 고운 빛 진달래가 있는 나라 '우리나라 산의 나라 진달래의 나라'다.

✻ 진달래꽃의 약성

진달래꽃은 성질이 따뜻하고 독이 없으며 맛이 시큼하고 달다. 감기와 기침을 멎게 하는 데 좋고 거담 작용이 뛰어나며 콜레스테롤의 흡수를 억제하여 성인병을 예방한다. 혈액순환을 원활하게 하고 토혈과 관절염에도 좋다. 진달래는 안드로메토톡신(andrometotoxin) 성분이 있어 혈압을 낮춰 주는데 꽃에 가장 많이 함유되어 있다. 너무 많이 먹으면 혈압이 떨어질 수 있으니 주의해야 한다. 고운 진달래는 현대인에게 많은 두통과 편두통에 효과가 있고 여성의 갱년기 증상을 완화시켜 준다. 진달래꽃 수술에는 독이 있으므로 반드시 제거하고 먹어야 한다.

진달래화전고

〈정조지〉 권2 취류지류(炊餾之類), 유전방(油煎方)-화전고(花煎糕)

'꽃으로 만든 음식'이라는 말을 듣는 순간 사람들은 대부분 '진달래화전'을 떠올린다. 진달래는 꽃음식을 대표한다고 할 수 있다.

제비가 돌아온다는 음력 3월 3일, 곱게 차려입은 여인들이 진달래화전을 부쳐 먹으며 노래하고 춤을 추는 단 하루 여인들만의 호사스러운 소풍을 즐긴다. 소풍에는 아름다운 봄날을 마음껏 즐기고 유쾌한 기운으로 다가오는 농사철에 열심히 일을 하라는 여인들의 노동을 격려하는 뜻이 담겨 있다. 노동에 짓눌린 여인들의 삶을 생각해보면 진달래는 '한과 슬픔'을 담은 꽃이다.

찹쌀 반죽을 동그랗게 떼어 납작하게 눌러서 부치는 찹쌀 전병에 진달래꽃을 올리는 진달래화전은 진달래를 올리는 시간이 제일 중요하다. 반죽에 너무 일찍 올려도 진달래꽃이 오그라지면서 모양새를 잃고 너무 늦게 넣어도 찹쌀 지짐과 어우러지지 않는다. 꽃의 고운 색을 살리기 위해 음식을 완성한 뒤에 꽃을 올리기도 하지만 기름에 지져도 제 색을 잃지 않는 진달래는 찹쌀 반죽이 반쯤 익었을 때 넣는 것이 진달래의 색을 안정시켜서 좋다. 진달래화전은 한없이 사치스럽고 한없이 아름다워 단 하루 봄소풍의 해방감을 만끽하고 노동에 짓눌린 시간들을 위로하는 데 부족함이 없다.

사진을 찍고 난 진달래화전을 진달래꽃을 실제로 본 적도 없는 젊은이가 진달래화전이 예쁘다며 먹는다.

"진달래화전이 정말 맛있는데요."

진달래화전이라고 그 이름을 불러주는 것만으로 고맙다.

재료 찹쌀가루 300g, 진달래꽃 20송이, 뜨거운 물 3/4컵, 식용유 3큰술, 소금 3.6g

만드는 방법

진달래꽃을 채취하여 수술을 제거한 뒤, 물에 깨끗이 씻은 후 물기를 뺀다.

찹쌀가루는 체로 내려 뜨거운 물에 소금을 넣고 섞은 다음 뜨거운 물로 익반죽하며 잘 치댄다. 찹쌀 반죽을 밤톨만 한 크기로 떼어 동글납작하게 모양을 만들어 달궈진 팬에 기름을 조금 두르고 반죽을 올린 다음 반죽이 조금 익으면 수저로 반죽을 눌러서 둥근 모양을 만들며 약불에서 약간 노릇하게 익힌다. 찹쌀떡의 한쪽 면이 충분히 익으면 뒤집는데 진달래꽃을 올리고 가볍게 익힌 다음 진달래꽃을 올리지 않은 부분이 완전히 익으면 화전을 뒤집어서 진달래꽃을 가볍게 익힌다.

진달래면

〈정조지〉 권2 취류지류(炊餾之類), 화면방(花麵方)

진달래면에는 여러 가지 조리법이 동원된다. 진달래의 꽃술과 꽃받침을 제거하기 위해 손질하기, 진달래 꽃잎을 꿀에 절이기, 진달래 꽃잎에 녹두가루를 입히기, 진달래 꽃잎을 뜨거운 물에 데치기, 오미자를 물에 담가 우려내기, 오미자 물에 꿀을 섞기라는 다양한 조리법을 거쳐야 비로소 진달래면이 만들어진다. 면은 가느다란 국수나 수제비, 칼로 썬 칼국수로 알고 있는데 꽃을 주재료로 하여 녹두를 무친 화면(花麵)은 면의 다양성과 확장성을 넓힌다는 점에서도 의미가 크다. 특히, 오미자를 우린 곱고 다양한 맛의 물이 일종의 육수 역할을 한다는 점에서 진달래면을 특별하게 한다.

진달래면은 봄이 아니면 먹을 수 없는 아주 귀한 음식으로 한두 송이 정도의 화면(花麵)을 먹는 것이 좋다. 진달래면을 만들 때는 진달래 꽃잎이 얇아 약하기 때문에 요리용 핀셋을 사용하여 섬세하게 다루고 진달래면이 붇지 않도록 먹기 직전에 오미자꿀물에 넣어야 한다. 진달래가 특별한 향이 없고 단맛은 약한 탓에 오미자의 강한 향과 녹두가루 특유의 비릿한 향뿐이지만 봄의 고운 빛을 먹는다는 그 자체만으로도 충분하다.

세상에! 진달래 꽃잎이 면이라니… '진달래면'이 굳어진 머리를 두드린다.

진달래가 없는 철에 화면을 만들 때에는 꽃잎이 얇고 너무 크거나 작은 꽃은 피하는 것이 좋다. 진달래를 대용하기 가장 좋은 꽃으로는 팬지와 꽃양귀비를 추천한다.

재료 진달래꽃 5송이, 녹두가루 30g, 오미자 40g, 꿀 1/4 컵

만드는 방법

진달래는 꽃술과 꽃받침을 제거하고 식초 물에 깨끗이 씻어 둔다.

물기가 있는 진달래에 녹두가루를 꼼꼼하게 묻혀 끓는 물에 녹두가루를 입힌 진달래를 데친다.

데친 진달래를 찬물에 잠깐 넣었다가 물기를 빼두고, 오미자 우린 물에 꿀을 탄다.

녹두가루를 입혀 익힌 화면(花麵)을 오미자 물에 띄운다.

진달래꽃 원소병

재료 진달래꽃 20송이, 찹쌀가루 1컵, 녹두녹말 1/4컵, 물 1/4컵, 소금 2g, 꿀 1/4컵, 석류즙 1/2컵

만드는 방법

진달래 꽃잎을 소금물에 살짝 데친 다음 곱게 빻아 생긴 고운 물로 찹쌀가루를 반죽한다.

반죽을 작은 구슬 크기로 빚어 뜨거운 물에 익힌 다음 찬물에 식혀 건져 꿀물에 담가 둔다. 끓여서 식힌 물에 꿀을 타고 꿀에 담가 둔 진달래꽃 찹쌀떡을 꿀물에 넣는다.

진달래꽃 계란덮밥

재료 작은 진달래꽃 5송이, 닭가슴살 180g, 계란 3개, 양파 1/2개, 새송이버섯 1/2개, 밥 2공기
닭가슴살 밑간 우유 1/2컵, 쯔유 1/2큰술, 소금 1/2큰술, 청하 1/2큰술
쯔유소스 쯔유 3큰술, 설탕 1/2큰술, 육수 250ml, 미림 2큰술, 후추 조금, 가쓰오부시 30g

만드는 방법

진달래꽃의 수술을 제거하고 식초 물에 담가 씻은 다음 물기를 뺀다. 닭고기는 우유에 30분 정도 잰 다음 한입 크기로 썰어 밑간을 하고, 계란 3개를 잘 풀어 둔다. 쯔유와 설탕을 섞어 팬에 살짝 졸이다가 쯔유소스를 넣고 2/3가 될 때까지 졸인다. 팬이 뜨거워지면 기름을 두르고 닭가슴살과 양파, 새송이버섯을 볶다가 졸인 소스를 넣고 끓으면 풀어 놓은 계란 물의 1/2을 부어 익힌다. 여기에 진달래꽃을 넣은 나머지 계란 물을 붓고 불을 끄고 뚜껑을 덮었다가 따뜻한 밥 위에 부어 준다.

* 육수는 멸치와 다시마를 끓여서 만든다.

49

진달래꽃 튀김을 올린 우동

재료 진달래꽃 3송이, 튀김 반죽 2큰술, 기름 1/3컵, 우동면 1인분, 다진 파 1수저

만드는 방법
진달래는 꽃술과 꽃받침을 따고 모양을 살려 튀긴다. 우동국물이 끓으면 우동을 넣고 파를 넣는다.
완성된 우동을 그릇에 담고 진달래꽃 튀김을 올린다.

* 우동국물 만들기 대파 1대, 양파 1개, 무 1/4개를 팬이나 오븐에 굽고, 물 6컵에 덖은 멸치 40g과 디포리 30g, 표고
버섯 40g을 넣고 10분간 끓였다가 멸치와 디포리는 건져낸다. 설탕 1/4컵, 진간장 2컵, 맛술 1/2컵을 넣고 중강불에서
10분간 끓이다가 약불에서 30분간 더 졸이는데 10분을 남겨 두고 다시마 25g을 넣는다. 다시마가 우러나면 청주 1/4
컵을 넣고 약 30초 정도 강불로 올려서 비린내를 날린 다음 불을 끄고 가쓰오부시 50g을 넣어 10분간 우렸다가 건더
기를 건져낸다. 소금으로 간을 조절한다.

✳ 진달래꽃 원소병

진달래면이 녹두가루를 묻혀 데쳐낸 진달래 꽃잎을 오미자를 우린 꿀물에 넣어 먹는 꽃음식이라면 진달래 원소병은 진달래꽃으로 찹쌀떡을 반죽하여 익힌 다음 오미자를 우린 꿀물이나 그냥 꿀물에 담가 먹는 전통음료다.

진달래가 흰색, 연분홍색, 자홍색, 보라색이 있어 다양한 색감을 살릴 수 있지만 한 가지 색을 쓴다면 가급적 진한 색의 진달래를 쓰는 것이 좋다. 찹쌀가루에 녹두 녹말을 넣고 끓는 물에 오래 익히지 않아야 탱탱한 식감을 살린 구슬처럼 예쁜 원소병이 만들어진다. 진달래꽃을 절구에 넣고 찧는데 약간 시큼한 향이 침샘을 자극한다. 꽃잎이 얇아서인지 생각보다 작은 양의 즙이 나온다. 고운 빛을 기대하며 반죽을 하였는데 푸른 기운이 감도는 어두운 보랏빛 원소병이 만들어져 조금은 실망스럽다. 끓는 물에 삶아내자 색이 조금 진해져 화려한 봄날 대신 꿈꾸는 봄날에 어울릴 것 같은 원소병이 만들어졌다.

원소병이 붙지 않도록 꿀에 담가 두었다가 맛이 다양한 오미자물 대신 꿀을 넣어 진달래와 비슷한 맛과 색을 내는 석류즙에 원소병을 넣었다. 쫄깃한 원소병에 달콤하고 새콤한 석류즙이 배면서 조금은 무덤덤해진 진달래의 맛이 살아난다. 오미자물 대신 진달래꽃차를 활용하여도 좋다. 길어진 낮의 길이만큼 늘어난 피로로 졸고 있던 몸과 마음이 번쩍 깨어난다.

✳ 진달래꽃 계란덮밥

자연이 놀이터요 어머니요 스승이었던 시절 진달래를 먹었다는 사람들이 많다. 배가 고프면 여기저기 피어 있는 진달래를 따서 먹고 입술이 보랏빛으로 물들었다. 모두들 배가 고파서 먹었다고는 하지만 눈빛은 아련해지고 입가에는 미소가 감돈다. 보리밥은 지겹도록 먹어서 보리밥 쪽으로 고개도 돌리기 싫다고 손사래를 치던 모습과는 다르다. 그래도 진달래보다는 포만감을 주는 보리밥이 나을 텐데…. 진달래꽃이 정서적으로는 긍정적인 역할을 한 것 같다. 하긴, 시커먼 보리밥보다는 배를 채우기엔 부족함이 있지만 고운 꽃, 그것도 진달래꽃이 아닌가?

지금 진달래 역할을 하는 음식으로 계란이 떠오른다. 삶은 계란이 빠진 소풍은 상상도 할 수 없던 시절에도 먹거리가 넘치는 지금도 계란은 우리를 늘 행복하게 한다. 물론 계란도 위생 상태에 문제만 없다면 진달래처럼 조리하지 않고 날로 먹을 수도 있다. 남녀노소 누구나 좋아하는 계란에 고운 진달래를 넣어 진달래꽃 계란덮밥을 만들었다. 고운 진달래의 달고 시큼한 맛이 잘 살아 있다. 아이들이 진달래가 되어서 돌아왔다.

❋   진달래꽃 튀김을 올린 우동

　　　우동은 아무리 정성을 들여도 그냥 우동이다. 물론, 면과 국물에 특별함을 더한 우동이 있기는 하지만 대체로 우리가 흔히 먹는 우동 중에 가장 고급스러운 우동은 아마도 새우튀김우동이 아닐까 싶다. 고속도로 휴게소에서 끼니를 때우기 위해서 먹는 우동이나 좀 고급스러운 우동집에서 먹는 우동이나 메뉴가 비슷하다. 유부우동, 김치우동, 어묵우동, 새우튀김우동……

언젠가 봄이면 진달래꽃 튀김과 매화를 그리고 여름에는 접시꽃을 얹은 아름다운 특별한 우동을 만날 날이 있으리라 기대하며 진달래꽃 튀김을 너무나도 평범한 우동에 얹어본다. 진달래 꽃잎을 볕에 말려 두었다가 우동에 시치미처럼 뿌리면 사시사철 진달래꽃의 고운 빛과 향, 그리고 뛰어난 약성을 누릴 수 있을 것 같다. 호로록~ 먼저 우동면을 한 젓가락 먹은 다음 우동에 얹어진 봄을 먹었다. 진달래꽃 튀김에 우동국물의 감칠맛이 배어 들어 입 안에서 향연이 벌어진다. 우리의 꽃 진달래를 담은 진달래꽃 튀김우동은 가격을 환산할 수 없다.

② 진달래의 나라 한국과 진달래꽃의 다양한 활용법

'한국은 산의 나라입니다. 나라의 대부분이 산이지요. 봄이 오면 나무에 새순이 돋기 전에 진달래 꽃이 산 여기저기서 울긋불긋 피어납니다. 진달래가 필 무렵은 아름답지만 집집마다 먹을 것이 귀한 시절이기도 합니다. 아이들은 산에서 놀다가 배가 고프면 진달래꽃을 따 먹기도 합니다. 제비가 돌아온다는 음력 3월 3일 날이 되면 여인들은 '꽃달임'이라고 하여 고운 옷을 입고 진달래꽃을 따서 찰떡지짐에 진달래꽃을 올린 '화전'을 먹고 하루를 즐겼습니다. 이 진달래꽃 화전에는 아이들의 천진한 웃음소리와 여인들의 즐거운 하루가 담겨 있습니다. 한국은 진달래의 나라입니다.'

'Korea is a land of mountains.

Major part of its beautiful landscape is covered by mountainous terrain.
During the spring season, before trees bud, azaleas are dying the mountains with beautiful reddish color. Though azalea blooming period is a good time of the year, it is also a fatiguing period where food is scarce.
During this time, children used to eat azalea flower when they get hungry after playing out in mountain. In March 3rd, a day known for return of swallows, many Korean women used to wear fancy dress and picking azalea flowers to celebrate 'kkochdal-im' day.
These picked flowers are then topped with sticky rice cake to make "Hwajeon", a Korean traditional pan-fried sweet rice cake with flower petals.
This azalea Hwajeon bears memory of children's innocent smile and a joyous day of Korean women.

Korea is a land of azaleas.'

참꽃이라고 불리는 진달래는 우리나라 산에서 가장 흔하게 볼 수 있는 꽃으로 뿌리, 줄기, 잎, 꽃, 열매가 모두 약용으로 쓰였다. 특히, 꽃에는 안토시아닌(anthocyanin)과 플라보놀(flavonols)이 함유되어 있어 항산화, 항염증, 항균 등의 효과가 있다. 진달래꽃을 화전이나 원소병 등의 꽃음식으로 만들어 먹지만 간편하게 진달래를 먹을 수 있는 다양한 방법들을 소개한다.

- 진달래꽃을 물에 삶아서 그 물을 마신다.
- 진달래꽃을 말린 다음 달여서 차로 마시거나 가루로 내었다가 환으로 만들어서 먹는다.
- 진달래꽃을 꿀에 재었다가 그 꽃잎과 꿀을 먹는다.
- 진달래꽃에 동량의 설탕을 넣어 청으로 만든 다음 물을 희석하여 마신다.
- 진달래꽃에 소주를 붓거나 식초를 부어서 음식에 활용하거나 희석하여 마신다.
- 진달래꽃 가루를 소금과 합하여 진달래 소금을 만들어서 먹는다.

유채꽃

산 가까이
바다 가까이
어디라도 좋아요
착하게 필 거예요

같은 옷만 입어도
지루할 틈 없어요
노랗게 익다 못해
나의 꿈은 가만히
기름이 되죠

하늘과 친해지니
사람 더욱 어여쁘고
바람과 친해지니
삶이 더욱 기쁘네요

수수한 행복 찾고 싶으면
유채꽃밭으로 오세요

- 이해인

제3장

○

유채꽃

나지막한 봄 언덕 위로 파란 하늘이 열리면 노란 물감을 풀어 놓은 듯한 유채꽃이 바람에 손을 흔들며 상춘객을 반긴다. 유채는 겨울에 파종하여 봄에 싹을 내고 꽃을 피워내는 강인함을 자랑하는데 '운대', '평지'라고도 부른다. 유채라는 이름은 기름을 짜는 채소라는 뜻인데 일제강점기 때 비롯하였다는 설도 있으나 〈정조지〉에 씨앗에서 기름이 많이 나와서 '유채'라고 한다고 하였으니 어떤 이름으로 불러도 무방할 것 같다.

어린 유채잎은 나물이나 김치를 담가 겨우내 생채를 먹지 못해 우리 몸에 부족한 비타민을 채워 주었다. 사시사철 채소를 먹을 수 있는 지금은 식용의 의미보다는 꽃을 즐기는 관상용 채소가 되었다. 유채씨로 짠 기름이 콩기름 다음으로 많이 먹는 카놀라유이다. 영국에 가면 끝없이 펼쳐진 유채밭을 많이 볼 수 있는데 유채기름을 이용해 영국의 대표 요리인 피시앤칩스의 생선도 튀겨내지만 청정연료라 불리는 바이오디젤을 생산하여 석유를 대체하고 있는데 우리나라에서도 유채꽃 재배를 확대하여 바이오 에너지의 생산을 늘려 나가려고 한다. 매캐함 대신 유채꽃 향기가 나는 거리의 풍경을 즐기면서 유채꽃음식 먹는 날을 기대하며 유채꽃을 이용한 다양한 음식을 열심히 만들어야겠다.

＊ **유채꽃의 효능**

유채꽃에는 비타민 C가 시금치의 약 3배, 부추의 약 5배가 함유되어 있어 피부 건조를 예방하고 피부의 칙칙함을 회복시킨다. 유채꽃에는 베타카로틴이 피망의 5배가 함유되어 있어 노화를 방지하고 피부 점막을 튼튼히 하여 각질을 예방한다.

유채꽃은 변비를 해소시키고 지방을 연소시키는 캠페롤이 있어 다이어트에도 좋은 꽃이다. 유채꽃을 마늘, 양파와 함께 섭취하면 혈액순환을 촉진시켜 피로가 풀린다. 특히 유채의 꽃봉오리 뒤에는 끈끈한 혈액을 개선시키는 글루코시놀레이트가 다량 함유되어 있다.

유채꽃 볕에 말리는 법

〈정조지〉 권4 교여지류(咬茹之類), 쇄운대방(曬蕓薹方)

유채꽃을 삶아서 소금과 섞어 말린 뒤, 공기가 통하는 종이봉투에 넣어 보관한다. 먹을 때는 뜨거운 물에 불렸다가 기름, 소금, 생강, 식초를 섞어 먹으므로 일종의 '유채꽃 묵나물'이다. 묵나물의 복원력을 잘 알고 있기는 하지만 유채꽃은 질긴 채소가 아니고 여리기 때문에 보전성에 대한 의문이 생긴다. 삶으면 유채꽃의 노랑색이 빠지지는 않을까? 유채꽃을 말리는 과정에서 꽃이 부서지지는 않을까? 유채꽃이 넉넉하지 않기 때문에 실패를 해서는 안 된다는 압박감이 몰려온다.

꽃을 가져올 때는 바구니로 하나 가득이지만 막상 꽃만을 가려내면 한 줌밖에 되지 않아 한숨이 나오곤 한다. 최대한 빠른 시간 안에 유채꽃을 데쳐 내기 위해 펄펄 끓는 물에 유채를 던져 넣었다. 유채의 파란 줄기와 노랑꽃이 데쳐지면서 더욱 진해져 온다. 얼음물에 식힌 유채꽃을 물기를 제거한 다음 그늘에 말렸다. 날씨가 좋아서인지 아침에 넌 유채가 저녁 무렵이 되자 꾸덕해진다. 이틀을 더 말렸더니 습기가 완전히 제거되었다. 종이봉투에 보관하였다가 두 달 뒤 뜨거운 물에 불렸는데 다시 봄이 온 듯 노란 유채꽃이 활짝 피어난다. 유채꽃에 부드러운 기름과 담백한 소금 맛, 그리고 생강과 식초의 풍미가 더해져 생동감이 넘치는 유채나물이 만들어졌다.

담백한 유채꽃 나물은 여름에도 좋지만 동짓날 약간 느끼한 팥죽과 함께 먹으면 잘 어울릴 것 같다.

모든 꽃음식이 다 그렇지만 유채꽃도 활짝 핀 것보다는 반쯤 핀 것이 좋다. 일본에서는 유채 꽃봉오리가 맺힌 것을 갈아서 음식을 만든다. 음식의 모양보다는 유채의 효능을 살리기 위한 방법이다.

재료 유채꽃 350g, 소금 35g, 물 3리터 **도구** 종이봉투
만드는 방법
춘분 후의 유채꽃을 채취해 끓는 물에 유채를 데친다.
데친 유채에 소금을 골고루 섞어 햇볕에 말려 종이포대에 담는다.

* 유채꽃 나물 만드는 방법 말린 유채꽃 60g을 뜨거운 물에 담갔다가 물기를 제거한 다음 유채꽃에 기름 20ml, 소금 3g, 생강 1/2T, 식초 1T를 넣는다.

유채꽃 피자

재료 유채꽃 30송이, 12인치 피자 도우 1장, 생크림 35ml, 모차렐라치즈 210g,
카망베르치즈 60g,브리치즈 60g, 아몬드슬라이스 25g, 파르미지아노 레지아노 치즈 간 것 15g

만드는 방법
유채꽃을 채취하여 깨끗이 손질하고 식초 물에 씻은 다음 물기를 빼둔다.
피자 도우에 생크림을 바르고 모차렐라치즈로 크림을 덮은 후 카망베르치즈, 브리치즈를 골고루
올린다. 유채꽃과 아몬드슬라이스를 피자에 뿌리고 화덕이나 오븐에 구워준다.
피자가 완성되면 파르미지아노 레지아노 치즈를 뿌린다.

유채꽃 비빔밥

재료 밥 2/3공기, 데친 유채꽃 1줌, 유채잎 1줌, 데친 유채 줄기 1줌, 말린 표고버섯 2개, 느타리버섯 3개, 목이버섯 3개, 호박 1/3개, 무 1토막, 마늘잎 한 줌, 계란 지단 1장, 비빔고추장 2T, 참기름 1/2T

만드는 방법 (1인분 기준)

표고버섯, 호박, 무, 마늘잎은 손질하여 양념하고 청포묵은 채를 치고 계란은 지단으로 준비해 둔다. 유채잎과 유채꽃은 깨끗이 씻어 물기를 빼고 유채꽃을 끓는 소금물에 살짝 데쳐서 물기를 빼둔다. 표고버섯 불린 물을 넣고 비빔밥용 밥을 짓는데 밥이 끓기 시작할 때 유채잎을 넣는다. 밥이 지어지면 한 김을 빼 그릇에 담고 나물과 지단을 돌려담기 하고 유채꽃을 보기 좋게 올려준다. 비빔고추장은 다른 그릇에 내도 좋지만 유채꽃과의 어울림을 위해 밥 위에 직접 올린다.

유채꽃 김전병

재료 유채꽃 50송이, 김 3장, 월남쌈 피 3장, 계란 2개, 식용유 100ml, 설탕 1/4컵

만드는 방법

유채꽃을 깨끗이 씻어 물기를 제거하고 계란은 잘 풀어 둔다. 월남쌈 피를 펼쳐 놓고 계란 물을 바른 다음 유채꽃을 올려 놓고 김으로 덮는다. 김이 붙은 월남쌈 피를 가로 2cm, 세로 5cm 정도의 크기로 잘라 190도 정도의 기름에 넣고 튀긴다. 튀긴 유채꽃 김전병에 소금이나 설탕을 뿌려준다.

* 김전병은 재빨리 튀겨서 빨리 건지는 것이 예쁜 전병을 만드는 비결이다. 전병이 튀겨진 후에도 기름에 머물면 유채꽃과 쌀피가 갈색으로 타버리므로 완성된 전병을 건질 때에는 체망을 사용하여 동시에 건진다.

유채꽃 계란찜

재료 유채꽃 10송이, 계란 5개, 우유 1/3컵, 다시마 육수 1/4컵, 참기름 1/2T, 청주 1T, 소금 7g

만드는 방법

유채꽃은 씻어서 손질을 하고 다시마 육수에 우유, 계란과 소금, 청주를 넣고 잘 젓는다.

고운 체로 계란 물을 거르고 유채꽃을 넣는다. 솔로 주발에 참기름을 바른다.

계란 물을 붓는다. 김이 오르는 찜기에 찐다.

* 계란과 육수의 양은 1:1로 한다.

❋ 유채꽃 피자

유채꽃으로 만들 수 있는 음식을 구상해보다가 유채꽃을 올린 피자를 떠올렸다. 꽃을 담은 피자는 많이 보았지만 판매하는 식용 꽃을 올려 부담스럽게 화려했던 기억이 났다. 피자가 이탈리아 사람들의 일상식이고 우리나라에서도 점차 피자가 밥을 대신하는 경우가 많아졌다.

된장찌개와 같은 '소박한 꽃 피자'를 만들고 싶었다. 피자를 구운 다음에 꽃을 올리는 방법보다는 유채꽃을 올려 피자를 굽는 방법을 택하였다. 꽃잎이 크면 불과의 접촉면이 늘어나 꽃이 변색되거나 아름다움이 손상될 수도 있지만 유채꽃은 자잘하기 때문에 꽃의 색이나 모양이 잘 보존될 것이라고 생각했기 때문이다. 피자가 구워지면서 유채꽃이 점점 쭈그러지는 것을 안타까운 마음으로 바라본다. 날꽃보다는 덜 화려하지만 크림빛이 은은한 치즈와 얌전한 유채꽃이 튀지 않으면서 조화를 잘 이룬 것이 어느 봄날 저녁 무렵이 연상된다. 봄을 가득 담은 피자를 한입 베어 물었다. 봄을 올린 치즈가 기분이 좋은지 스프링처럼 주욱~ 늘어난다. 유채와 치즈는 멋진 조합이다.

❋ 유채꽃 비빔밥

비빔밥은 봄의 정취를 담기에 완벽한 음식이다. 봄의 향기와 유채의 영양을 더하기 위해 유채잎 데친 물을 육수 대신 넣고 밥을 지었다. 비취색 물이 든 고슬고슬한 밥 위에 유채와 잘 어우러지는 표고버섯, 느타리버섯, 목이버섯, 유채줄기, 계란 지단, 유채꽃을 돌려 얹었다.

과일즙을 많이 넣어 유채꽃처럼 순한 비빔고추장 한 수저를 한가운데에 올렸다. 붉은 고추장과 노란 유채꽃, 녹색의 유채줄기에서 찬란한 봄의 생명력이 느껴진다. 살살 비벼서 한입 가득 봄을 먹어 보았다. 누군가 비빔밥에 참기름을 넣지 않았다고 참기름병을 들고 온다. 참기름 냄새로 봄 향기를 몰아 내고 싶지 않다고 누군가는 말하지만, 유채꽃을 비빔밥에 올릴 때에는 생 유채꽃, 데친 유채꽃, 참기름, 집간장, 깨소금으로 무친 유채꽃 등 먹는 사람의 입맛에 맞게 조리하여 비빔밥에 올려도 다 맛있다. 어떤 식재와도 조화를 잘 이루고 품어 주는 것 이것이 유채꽃의 미덕이다.

✳   ## 유채꽃 김전병

사랑스러운 유채꽃을 아이들이 좋아하는 바삭한 김과자에 넣는다. 밥 대신 꽃을 먹어야 했던 시절을 이야기해주면 아이들은 뭐라고 말할까? 유채꽃이 눈에 좋고 비타민이 많아서 피로를 느끼지 않게 해 공부를 잘하게 해준다고 하면 서로 먹겠다고 할지도 몰라. 궁금하기도 한 마음까지 담아서 유채꽃을 다듬는다.

장난삼아서 꽃을 먹어 본 것이 아닌 진짜 배가 고파서 꽃을 먹었던 사람의 이야기를 듣고 싶다는 생각이 든다. 이런저런 생각을 하는 사이 유채꽃 김과자가 만들어졌다. 잠깐 햇볕에 널어 말린다.

뜨거운 기름에 닿은 유채꽃 바른 김과자가 오징어처럼 오므라지면서 튀겨진다. 사실 김전병에는 소금이 더 어울리지만 까탈스러운 아이들의 입맛에 맞추기 위해서 설탕을 살살 뿌리며 뒤적인다. 바사삭~ 바다향과 어우러진 유채꽃이 참말로 고소하다. 아이들 간식도 좋지만 술안주로 더 적당할 것 같다. 굳이 말을 하지 않으면 유채꽃이 김과 쌀피 사이에 들어가 있다는 것을 모를 것 같다. 조금 아쉽기는 하지만 꽃을 먹는 것에 대한 거부감을 가질 수도 있는 아이들에게는 괜찮다.

✳   ## 유채꽃 계란찜

유채꽃은 부드럽고 따뜻하여 우리를 미소 짓게 한다. 계란찜도 부드럽고 따뜻하여 우리를 행복하게 한다. 노란 유채꽃을 보면 계란이 떠오르는 것은 노란 병아리 때문인 것 같다.

무르익은 봄빛을 받으며 아장아장 걷는 아기 주먹만 한 노란 병아리들은 귀여운 부리에서 삐약삐약 소리를 지치지도 않고 쏟아낸다. 푸릇푸릇 마늘이 자라고 있는 텃밭 한 켠에서는 무리를 지어 핀 노란 유채꽃이 봄바람에 하늘하늘 춤을 추며 병아리들을 바라본다. 유채꽃 몇 송이를 조심스럽게 따서 계란 물에 넣고 참기름을 바른 주발에 부어 김이 오르는 밥 위에 조심스럽게 얹는다. 밥 냄새와 계란 냄새가 한꺼번에 들이닥치자 갑자기 시장기가 돌기 시작한다. 맛은 부드럽고 순하지만 은근히 화사한 모양새가 봄볕을 닮았다. 계란찜에 유채꽃을 넣는다면 우리의 봄날은 훨씬 더 행복할 것이며 유채꽃이 들어간 계란찜을 떠올리며 미소 지을 것이다.

우리의 역사는 굶주림과의 끊임없는 투쟁이었다. 반복되는 가뭄, 홍수, 냉해 등의 자연재해는 우리를 기근에 시달리게 하였다. 나라에서는 기근을 극복하기 위하여 하늘에 제사를 지내고 수로를 정비하고 천문과 기상 관측에 힘쓰면서 구황 식품을 비축하도록 독려하였다. 사람들은 산과 들, 강에서 구황 식품을 채취하여 먹고 나중을 위해 저장하였다.

주린 배를 채울 수 있는 독성이 없는 자연물이면 모두 구황 음식이었다. 소나무 속껍질, 소나무 잎, 느티나무 잎, 뽕나무 잎부터 콩깍지, 칡뿌리, 백합뿌리, 꽃 등을 삶아서 먹거나 떡을 만들어 먹기도 하였다. 독이 있는 구황 음식을 나누어 먹었다가 마을 전체가 참변을 겪거나 억센 나무껍질을 먹고 위나 장에 천공이 생겨 죽기도 하였으니 그나마 진달래꽃, 여뀌꽃, 메밀꽃, 국화 등의 꽃은 부드러우면서 향기도 있어 먹기에 괜찮은 구황 음식에 속했다. 어른들의 말씀이나 책에서 구황의 아픈 역사에 대해 듣고 읽을 때마다 지금은 상상조차 안되는 선인들의 생존을 위한 처절한 노력에 가슴이 숙연해지곤 한다.

이처럼 꽃 식용의 역사가 구황에서 비롯되었으므로 배고픔이 일상이던 시절은 주린 배를 채우기 위해 다양한 꽃을 먹어야만 했다.

물 한 바가지로 아침밥을 대신하고 일 나가는 엄마를 따라 나선 아이는 배가 고파 찔레꽃을 따 먹는다. 어제도 점심 대신 먹었던 찔레꽃이다. 찔레꽃을 먹다 엄마의 모습을 놓친 아이는 엄마~ 엄마를 부르며 달려간다. 아이에게 찔레꽃은 아름다운 꽃이 아니라 허기진 위장을 채우는 먹거리였다.

산에 산에 핀 고운 진달래도 뜰 안에 핀 국화도 담장 옆에 핀 키다리 접시꽃도 밥이나 죽을 늘리는 용도였다. 나주에서는 수릿날이면 찔레꽃 백설기를 먹는 전통이 있는데 찔레의 향을 즐기기보다는 조금이라도 떡의 양을 늘리기 위해서이다. 아이의 주린 배를 달래 주던 찔레꽃과 콩 하나라도 나누어 먹고자 했던 따뜻한 마음이 담긴 찔레꽃 백설기가 아름다운 노래와 이야기가 되어 전해져 내려온다.

배를 채우기 위해 꽃을 먹었던 사람들의 건너편에는 꽃의 아름다움과 향을 먹는 사람들이 있었다. 이들은 생꽃을 안주로 먹고 꽃으로 술을 담그고 말리거나 꿀에 절여 차, 원소병, 화채 등의 음료를 만들어 사시사철 꽃을 즐겼다. 꽃을 직접 먹기도 하였지만 꽃은 잔칫상에서 빠져서는 안되는 중요한 요소로 생화로 음식이나 상을 장식하기도 하고, 떡이나 다식 등에 꽃 문양을 찍거나 새기고, 과일이나 전복, 오징어, 떡을 꽃 모양으로 오리고 깎거나 빚어서 음식의 웃기나 곁들이 장식으로 사용하여 음식에 꽃의 아름다움을 더하였다.

꽃 식용은 치열한 생존과 낭만적인 삶이라는 극단적인 면을 동시에 가지고 있지만, 누구에게나 평안과 위로를 준다는 것은 같다.

우리가 꽃음식을 먹어야 했던 또 다른 절박한 이유는 꽃이 가지고 있는 약리 작용으로 인한 치료효과 때문이었다. 꽃은 염증, 설사, 소화불량, 출혈, 복통, 어지럼증, 부인병 등의 질환에 신통하게도 효과가 있었다.

사람들은 고대로부터 식물에서 약용 성분을 추출하여 예방제와 치료제로 사용하고 있다. 현재 인류를 질병의 고통으로부터 해방시킨 뛰어난 치료제들이 천연식물에서 유래하고 있다는 것은 누구나 잘 알고 있는 사실이다. 히포크라테스 시절부터 사용되다가 1897년에 근대적인 의약품으로 발전한 아스피린(aspirin)은 버드나무 껍질의 살리실산(salicylic acid) 화합물에서 유래하여 지금은 진통제뿐 아니라 혈전용해제로 성인병 환자의 수명을 연장시켰다. 식물의 여러 부분 중에서 특히 꽃에 인간에게 유효한 성분이 가장 많이 함유되어 있는데 꽃의 독특한 향기는 코를 통하여 인체에 스며들어 치료효과를 상승시키는 역할을 한다. 사람들은 꽃 식용을 통하여 자연스럽게 꽃이 가진 다양한 영양소를 섭취하고 꽃의 약리 작용으로 병을 치료하였다.

약학이 발달하면서 꽃의 섭취를 통해 치료에 도움이 되는 성분을 얻던 방식에서 꽃의 유효성분만을 직접 추출하여 활용하면서 시간과 노력이 많이 들어가는 비경제적인 꽃음식의 필요성은 줄어들게 되고 자연스럽게 사라지는 큰 요인으로 작용하였다.

도화

집 모퉁이에 복숭아꽃 두세 가지
찬바람과 궂은비에 시달리니 더디게 꽃이 피네
번화한 서울에 수없이 많은 복숭아꽃
속세를 떠나 조용히 사는 사람에게
좋은 시 짓도록 허락하지 않네.

- 장유

제4장

○

복숭아꽃

복숭아꽃은 진달래, 개나리, 살구꽃과 같이 우리 선조들이 가장 좋아하던 꽃 중의 하나이다. 달고 맛있는 복숭아를 먹기 위하여 집 주위에 많이 심어 놓은 복숭아나무로 봄이 되면 온 마을은 분홍빛으로 뒤덮혔다. 복숭아를 먹으면 예뻐진다는 속설 때문에 딸이 있는 집은 딸의 미용 간식으로 복숭아나무를 더 많이 심었다. 이처럼 복숭아꽃은 우리와 친근하기 때문에 구한말에는 복숭아꽃을 우리나라 국화(國花)로 정하자고 발론(發論)한 일이 있었다.

복숭아꽃은 개화 기간이 짧아 자신의 아름다움을 한껏 자랑만 하고 덧없이 사라지는 미덥지 못한 꽃으로 대나무나 소나무의 변치 않음을 강조하는 데 이용되기도 하였다. 그래서 복숭아꽃은 예로부터 미인을 뜻하지만 미인 중에서도 남자를 홀리는 요염한 여자를 상징하여 요사스러운 꽃으로 비치기도 하였다. 중국에서는 복숭아꽃으로 젊은 남녀간 애정운의 길흉을 점치는데 화병에 꽂아 둔 복숭아꽃이 오래 피어 있으면 반드시 마음에 드는 이성을 만나게 된다고 믿었다. 복숭아꽃을 컴퓨터 바탕 화면이나 휴대폰 배경 화면으로 지정해 놓으면 이성 친구가 생긴다는 믿음이 젊은이들 사이에 있는 것을 보면 복숭아꽃을 이성운과 연결시켜 생각하는 것은 중국과 같다.

'도리불언하자성혜(桃李不言下自成蹊)'라 하여 복숭아와 자두는 꽃이 아름답고 열매가 맛이 좋으므로, 오라고 하지 않아도 찾아오는 사람이 많아 그 나무 밑에는 저절로 길이 생긴다는 뜻이다. 덕이 있는 사람은 스스로 말하지 않아도 사람이 따름을 비유한 말이다. 복숭아의 덕에 대해서 생각하게 된다.

---

* **복숭아꽃의 효능**

복숭아꽃은 맛이 평하고 독이 없어 많이 먹어도 탈이 없는 꽃이다. 구절초가 부인병에 좋다면 복숭아꽃은 장미와 더불어 여자들의 피부에 좋은 꽃이다. 복숭아꽃에는 비타민과 철분, 칼슘, 인, 단백질이 골고루 함유되어 있어 피부를 맑게 해준다. 복숭아꽃을 찧어서 그 즙으로 세수를 하거나 팩을 하면 기미가 벗겨진다.

도화주 桃花酒

〈정조지〉 권7 온배지류(醞醅之類), 도화주방(桃花酒方)

도화주는 복숭아꽃이 필 때 빚는 대표적인 시절주(時節酒)이며 봄의 정취와 낭만을
가득 담은 가양주다. 고상한 매화주는 괜스레 점잖은 척하며 마셔야 할 것 같지만
도화주는 무릉도원에서 신선과 함께 속세를 잊고 기분 좋게 마셔야 할 술이다. 예전
에는 도화주를 흔하게 빚었지만 지금은 복숭아꽃을 구하는 것이 힘들고 손이 많이
가기 때문에 거의 빚지 않는 술이 되었다.

도화주의 밑술은 복숭아꽃이 피기 전인 정월에 미리 빚어 두어야 하는데 복숭아꽃
의 개화 시기가 매년 다른 것을 생각하면 도화주의 맛도 매년 달랐을 것이다.

도화주 밑술에 밀가루가 들어가는 것이 특별하다. 독이 없고 향이 강하지 않은 복
숭아꽃은 다른 꽃과는 다르게 듬뿍 넣어도 좋다. 복숭아꽃을 항아리의 바닥에 깔
아도 잠자리 날개처럼 가벼운 복숭아꽃은 위로 동동 떠오른다. 도화주에 복숭아나
무 가지를 넣어 발효될 때 가지의 쌉쌀한 향이 복숭아꽃의 향기와 조화를 이루게 한
다. 도화주는 완성까지 2~3개월이 걸리기 때문에 대략 초여름에 완성되므로 지난봄
의 정취와 향기가 술잔에 담겨 있다. 복숭아꽃은 연분홍빛이지만 도화주는 맑고 투
명한 술이다. 봄이 되면 집집마다 도화주 빚는 향기가 담 밖을 넘던 그 시절의 낭만
이 그리워진다.

* **동쪽으로 뻗은 복숭아나무 가지**

복숭아나무는 귀신을 쫓는 나무이며 동쪽은 해가 솟는 곳으로 양기가 강하고 기운이 성한 곳이어서 귀신이 접
근하지 못한다. 동쪽으로 뻗은 복숭아나무 가지는 액을 물리치기 때문에 오랜 시간 발효되는 음식을 만들 때 나
쁜 기운이 침범하여 음식이 변질되는 것을 막아준다.

밑술 빚는 법

재료 멥쌀 5kg, 물 2.5L, 누룩 130g, 밀가루 130g

만드는 방법

멥쌀을 백세하여 하룻밤을 물에 담가서 불린 다음 가루를 내고 흐르는 물을 끓여서 멥쌀가루와 합한 다음 범벅을 만들어 차게 식혀 둔다. 범벅에 누룩과 밀가루를 골고루 섞어서 항아리에 넣은 다음 항아리를 찬 곳에 두고 이불로 감싸 준다.

덧술 빚는 법

재료 멥쌀 6kg, 찹쌀 6kg, 복숭아꽃 300g, 흐르는 물 6L, 복숭아나무 꽃가지 2~3개

만드는 방법

복숭아꽃이 봉오리를 맺으면 찹쌀과 멥쌀을 각각 백세한 뒤, 하룻밤을 불려서 고두밥을 짓는다.
흐르는 물을 팔팔 끓여서 차게 식히고 고두밥과 잘 섞어 고루 펼쳐서 차게 식힌 다음, 밑술과 잘
섞는다. 복숭아꽃을 항아리 바닥에 담고 밑술과 합한 덧술을 안친 다음 복숭아나무 꽃가지를
술 항아리의 가운데에 꽂는다.

* 도화주는 물의 양이 적어질수록 맛과 향이 좋아지는 술이다.

* 찹쌀과 멥쌀을 섞어서 고두밥을 지을 때 익는 시간이 다르기 때문에 주의를 해야 한다. 멥쌀을 먼저 넣고 반 정도 익은
다음 찹쌀을 넣거나 찹쌀과 멥쌀로 각각 따로 밥을 하여 나중에 섞어도 된다. 고두밥이 설익으면 술에서 신맛이 난다.

복숭아꽃 주먹밥

재료 복숭아꽃 한 줌, 찹쌀을 섞어 지은 밥 2공기, 소금 1.5t

만드는 방법

찹쌀을 10% 정도 섞어 주먹밥용 밥을 고슬고슬하게 짓고 나무그릇이나 구멍이 나 있는 그릇에 담아서 한 김 식힌다. 깨끗이 씻은 복숭아꽃은 소금물에 넣고 살짝 데쳐서 물기를 빼고 더운 기운이 남아 있는 밥에 소금을 넣고 섞다가 복숭아꽃을 넣는다. 손에 소금물을 바르고 주먹밥을 뭉친 다음 남겨 둔 복숭아꽃으로 주먹밥을 장식한다.

복숭아꽃 리코타치즈

재료 말린 복숭아꽃 2줌, 우유 300ml, 생크림 150ml, 레몬 1개, 식초 1/2T, 설탕 5g, 소금 3g

만드는 방법

말린 복숭아꽃은 손으로 부숴 둔다. 우유와 생크림을 합한 다음 중약불에서 끓이는데 이때 가장자리가 보글거리고 가운데는 끓어오르는 상태가 되지 않도록 주의한다. 우유가 끓어오르면 레몬즙과 설탕, 소금, 식초를 넣고 2~3회 부드럽게 저어주다가 최대한 약불로 줄이고 응고가 되도록 10분간 둔다. 응고된 치즈를 면보 안에 붓고 수분이 빠지도록 망에 담아 두었다가 말린 복숭아꽃을 치즈 안에 넣고 살살 섞어준다. 치즈가 완성되면 냉장고에 넣어 보관한다.

* 사워크림에 말린 복숭아꽃을 넣어 구운 감자나 타코, 토르티야, 샐러드와 함께 곁들여도 좋다.

복숭아꽃 밤떡

재료 복숭아꽃 2줌, 멥쌀가루 2컵, 간식용 밤 20개, 팥소 2컵, 설탕 20g, 참기름 조금

만드는 방법

복숭아꽃은 식초 물에 씻어서 물기를 빼둔다.

곱게 빻은 멥쌀가루는 체에 내려 주먹을 쥐어 뭉쳐질 정도로 물을 주고 설탕을 넣은 다음 백설기처럼 찐다. 식은 백설기를 방망이로 치대다가 참기름을 바른 도마에 올려 놓고, 백설기 반죽을 떼어서 밀대로 밀어 최대한 얇게 피를 만든다.

시판용 밤을 팥소로 싸 놓고 멥쌀피에 밤을 싼 팥소를 올려 동그랗게 싸준다. 복숭아꽃을 멥쌀피에 붙인다.

* 멥쌀가루는 최대한 곱게 빻고 오래 방망이로 치대 주어야 쫀득한 피가 만들어진다.

✳ 복숭아꽃 주먹밥

주먹밥은 우리 민족의 슬픈 역사를 기억하게 하는 음식이다. 주먹밥은 반찬 없이 먹는 휴대용 음식으로 도시락 대용이었다. 전쟁 영화에는 항상 주먹밥과 미숫가루가 등장하였다. 지금 주먹밥에는 고기와 채소 등 다양한 건강식재들이 들어가는 영양을 고려한 주먹밥이지만 전쟁통의 주먹밥은 손을 소금물에 담그고 그 손으로 밥을 뭉쳐서 만드는 초간단 간편식이었다.

전쟁의 아픔을 떠올리게 하는 주먹밥에 봄꽃 중 가장 아름답고 요염하다는 복숭아꽃을 넣었다. 멥쌀에 찹쌀을 조금 더하여 고슬고슬하게 지은 밥을 소금으로 양념한다음, 복숭아꽃을 넣어서 낭만이 가득한 주먹밥을 만들었다. 밥이 뜨거울 때 복숭아꽃을 넣으면 자연스럽게 꽃과 밥이 어우러진다. 참기름을 넣어서 만들 수도 있으나 넣지 않는 것이 복숭아꽃의 향과 색을 살린다.

무릉도원의 편의점에서는 복숭아꽃 주먹밥을 팔고 있다고 한다.

✳ 복숭아꽃 리코타치즈

집에서 쉽게 만드는 리코타치즈는 부드럽고 달콤하여 누구나 좋아하는 치즈다. 특히, 치즈 특유의 향을 좋아하지 않는 사람도 리코타치즈에는 거부감이 없다. 봄의 상징인 복숭아꽃으로 상큼하고 사랑스러운 복숭아꽃 리코타치즈를 만든다. 리코타치즈는 우유로만 만들면 엉기지 않는 경우가 있으니 생크림을 섞어야 고소한 맛과 부드러움이 살아 있는 리코타치즈가 된다. 말린 복숭아꽃을 손으로 잘게 부수어 리코타치즈와 잘 어우러지도록 한다. 뽀얀 리코타치즈에 수줍은 분홍빛 복숭아꽃이 살짝 숨었다.

그래~ 넌 항상 사람을 유혹하지! 말린 복숭아꽃을 넣어서 리코타치즈를 사계절 내내 만들 수 있으니 상큼한 리코타치즈와 달짝지근한 복숭아꽃의 유혹은 끊임없이 계속될 것이다. 다들 복숭아꽃의 유혹에 빠지고 싶어하는 눈치다.

✳ 복숭아꽃 밤떡

　　복숭아꽃이랑 가장 잘 어울리고 사람들이 좋아할 만한 꽃음식을 계속 생각한다. 요즘 먹기 편하게 나온 밤을 먹다가 문득, 밤을 품은 복숭아떡을 만들기로 한다. 시판되는 간식용 밤을 이용하면 밤을 까고 졸이고 하는 조리과정이 생략되어 조금은 쉽게 복숭아꽃 밤떡을 만들 수 있다. 고혹적인 복숭아꽃에 밤만 담는 것이 조금은 썰렁할 것 같아 달콤한 팥소로 밤을 싸기로 한다. 딸기떡을 만드는 방법과 비슷한데 딸기떡은 찹쌀떡이고 복숭아꽃떡은 메떡이라는 점이 다르다. 마침 냉동시켜 둔 팥소와 쌀가루가 있어 쉽게 복숭아꽃 밤떡을 만들었다. 서로 먹겠다고 아우성이다. 그리고 너무 예뻐서 차마 못 먹겠다고 한다. 먹고 나서는 맛있다고 호들갑을 떤다. 복숭아꽃은 이래저래 구설수에 휘말리는 꽃이다. 예쁜 탓이다.

식용 꽃

음식의 식재료에서 다양성과 맛뿐만 아니라 보기에도 아름다운 음식을 추구하는 시대의 흐름에 따라 자연스럽게 꽃음식에 대한 관심이 높아지고 있다. 꽃음식은 꽃을 먹는 일이다. 꽃음식의 시작은 먹을 수 있는 꽃과 먹을 수 없는 꽃을 구별하고 공부하는 것에서 시작된다. 꽃을 잘못 먹으면 사망에 이를 수도 있으니 우리의 생명과 직결되는 일이다. 꽃 이름을 알던 모르던 꽃은 여전히 피고 지는데 굳이 머리 아프게 알 필요가 있나? 라고 생각하며 그저 '예쁘다'고 감탄하며 감상하는 것과는 다르다.

물론 〈정조지〉에 나오는 꽃들은 오랜 기간 많은 사람들에 의해서 검증되었지만 현대 과학으로 새롭게 밝혀진 독성 물질이나 부작용들을 알아봐야 한다. 옛날 꽃음식은 구황 음식이나 치료약으로 쓰이며 절박한 상황에서 섭취한 경우가 많아 어느 정도의 일반적인 부작용은 감수하였기 때문이다. 특히, 우리가 오랜 동안 꽃을 먹지 않았기 때문에 우리 몸이 꽃을 이물질로 받아들일 수 있기 때문이다.

식용 꽃이란 꽃 중에서 독성이 없어 날로 먹을 수 있는 꽃을 말하는데 지금은 독성이 없으면서 살충제와 화학제를 사용하지 않고 유기농으로 재배되어 사람이 먹어도 해가 되지 않는 꽃을 말한다. 식용 꽃을 음식에 사용하는 이유는 음식의 색, 맛, 향기를 돋우기 위해서이다.

식용 꽃으로 만든 음식으로는 나물, 떡, 튀김, 샐러드, 비빔밥 등과 꽃차와 식초 등의 음료가 있다. 유럽·일본 등지에서는 식용 꽃이 일반화돼 꽃으로 장식한 빵·케이크는 물론이고 꽃잎을 넣어 만든 샐러드나 젤리 등 다양한 요리가 소개돼 있다. 식용 꽃은 칼로리는 적지만 우리 몸에 필요한 미량의 영양소를 많이 가지고 있어 식품으로서의 가치가 크다. 특히 꽃의 안토시아닌은 우리 몸의 산화와 노화를 방지하는 것으로 알려져 있다. 꽃은 농약을 빠르게 흡수하므로 꽃 생산지를 확인하고 반드시 유기농 농산물 인증 마크를 받고 재배한 것을 구매한다. 화원에서 관상용으로 기르는 꽃은 예쁜 모양을 위해 몸에 해로운 생장촉진제, 호르몬제 등을 투여하는데 이런 꽃이 식용 꽃으로 판매되는 경우도 있으니 반드시 식용 전문으로 키워졌는지를 꼼꼼히 살펴야 한다. 식용 꽃은 꽃가루 알레르기 유발을 방지하기 위하여 이른 아침이나 해가 기울어진 오후에 채취하는 것이 좋다. 식용 꽃으로 음식을 만들 경우에도 독성분인 안드로메도톡신을 가지고 있는 꽃의 수술과 암술을 제거하고 만들어 먹어야 한다.

식용할 수 없는 꽃

철쭉꽃 그레이아노톡신(grayanotoxin)이라는 독성 물질이 있어 먹으면 혈압이 상승하고 부정맥, 호흡마비가 올 수 있으며 심하면 혼수상태에 이르러 사망할 수 있으므로 절대 섭취를 금한다.

은방울꽃 청초한 모습으로 관상용으로는 좋지만 콘발라마린(convallamarin), 콘발라톡신(convallatoxin), 콘발라린(convallarin) 등이 함유되어 있어 심장마비를 일으킨다.

디기탈리스 거꾸로 매달린 종 같은 모양의 디기탈리스는 꽃잎 안에 반점이 있다. 사람이 섭취하면 심장수축 세기를 증가시켜 예로부터 약재로 쓰여왔지만 디기톡신(digitoxin)이라는 맹독 성분이 있어 고혈압이나 저혈압으로 사망에 이르게 한다.

동의나물꽃 곰취와 비슷한 잎을 가진 동의나물은 복통을 일으키는 독성 물질을 가지고 있어 사망에 이르게 한다.

애기똥풀꽃 애기똥풀은 양귀비과로 줄기를 자르면 아기 똥처럼 노란 즙이 나온다고 해서 붙여진 이름이다. 애기똥풀은 위장질환으로 인한 통증의 진통제, 해열·이뇨·살균·옴·버짐 등의 치료제로 쓰이기도 하지만 과다하게 쓰면 중독 증상이 일어난다.

샷갓나물 샷갓풀이라고도 부르는데 산속에 피는 야생화로 독성을 가지고 있다.

지리강활 개당귀라고 하는 지리강활은 습기가 많은 산에서 자라며 먹으면 1~2시간 만에 구토와 복통으로 쓰러지고 3시간이 지나면 사망에 이른다.

이외에도 투구꽃, 란타나, 디펜바키아, 협죽도, 크로톤, 엔젤트럼펫, 포인세티아, 꽃기린 등이 독을 품은 꽃들로 식용은 물론 만져서도 안된다.

송화 필 무렵

황사바람 가시고 송화가 피면
온다던 누이는 영영 오지 않는데
해종일 산접동
접동새 울음을 안고
산자락 자락마다 송화가 핀다.

흰 죽사발에
맑은 낮달을 눈물로 헹구다
송화 따러 간 누이는
돌아오지 않는데
청솔바람 가득 안고 송화가 핀다.

해마다 보릿고개 힘이 겨워서
송기 벗겨 눈물로 채우던 설음
설음덩이가 옹이로 불거져도
송화를 잘도 피워내는 조선 소나무
이 고장 마음색 띠고
누이의 살결같은 송화가 핀다.

– 임홍재

제5장

○

소나무꽃

우리나라 곳곳에 터를 가리지 않고 자라는 소나무는 늘 푸른빛을 잃지 않는다. 한 겨울 북풍한설 속에서도 여름의 푸르름을 잃지 않는 의연한 소나무가 외롭고 고단해 보이지만 소나무는 정중하고 고결하고 겸손하다.

오래된 소나무를 노우(老友)라 하여 오랜 세월 정을 나누며 함께 늙은 친구와 비교하기도 한다. 나무 중에서 소나무만큼 우리 생활에 물질적·정신적으로 많은 영향을 준 나무는 없다. 꽃과 나무를 9등품으로 나눈 강희안의 《양화소록》과 유박의 《화암수록》에서 소나무는 초목 중의 군자라 하여 1등품에 올려져 있다.

송화는 소나무의 꽃가루다. 늦봄이면 노란 송홧가루로 계곡이 뒤덮인다. 송화는 귀한 식재로서도 가치가 있지만 색상부터가 범상치 않다. 송화색은 수수하지만 고상하고 기품이 있어 여인들의 선망의 대상이었다. 《흥부전》에서는 흥부의 처가 송화색 비단을 골라잡고 "송화색 댕기, 송화색 저고리, 송화색 허리띠, 송화색 치마, 송화색 단의, 송화색 고쟁이, 송화색 속속곳, 송화색 버선, 송화색 수건을 들고…"라고 한 것을 보면 고상한 송화색이 동경의 대상으로 상류층에서 송화색을 소화하고 즐기고 있었음을 짐작할 수 있다.

이규보는 사시사철 변치 않는 푸른 옷을 입고 있는 곧은 소나무가 봄빛에 흔들려 남을 위해 금분을 바르고 단장을 한 것이 담황색 송화라며 우습다고 하였다.

＊ 송화의 약성

《본초강목》에 '송화는 맛이 달고 온하며 독이 없다. 심폐를 윤(潤)하고 기를 늘린다. 풍을 제거하고 지혈을 시킨다.'고 하였다. 송화에는 피크노제놀(Pycnogenol)이라는 강력한 항산화 물질이 있어 세포의 노화와 괴사를 방지하고 모세혈관을 강화시켜 혈액순환을 촉진하고 신진대사를 원활하게 한다. 송화에는 비타민 P라고도 알려진 비타민 C를 보강해 주는 헤스페리딘이 있어 피부미용에 도움이 되며 송화에 풍부하게 함유된 콜린은 죽순의 약 6천 배가 넘는데 레시틴의 구성 성분으로 지방간을 예방하고 기억력과 학습능력 향상, 동맥경화에 도움을 준다.

송황다식 松黃茶食

〈정조지〉 권3 과정지류(菓飣之類), 송황다식방(松黃茶食方)

꽃가루인 송화는 입자가 곱고 무게가 워낙 가벼워 원하는 양을 얻기가 만만치 않다. 늦봄이면 바람에 날린 송홧가루가 계곡을 누렇게 덮고 집으로 날아들기도 하지만 막상 깨끗한 송화를 얻는 일은 여간 어려운 일이 아닐 것이다.

〈정조지〉에서는 송화다식을 만드는 방법은 따로 기술하지 않고 송홧가루를 효과적으로 얻는 법에 대해서 설명하고 있어 송홧가루를 확보하는 일이 송화다식의 전부라는 것을 알게 한다. 송홧가루만 있으면 누구나 송화다식을 만들 수 있다. 서유구 선생도 송홧가루를 얻는 데 같은 어려움을 겪었다는 생각에 선생과 공감대가 형성된다. 음식문화야말로 세월을 건너뛰어 옛사람과 지금의 우리를 하나로 묶어주는 끈이라는 생각이 든다. 선생은 오렵송화(五鬣松花)가 누런빛은 적지만 향기가 맑아서 더 좋다고 하셨는데 오렵송은 한 측에서 잎이 다섯 개나 나오는 소나무로 예로부터 도인들이 즐겨 먹었다고 한다. 보통 다식은 꿀로만 반죽하는데 〈정조지〉의 송화다식은 담백한 단맛을 지닌 설탕을 넣는 것이 특별하다.

선생은 송화가 몸을 가볍게 하고 병을 치료하는 효능이 송진이나 솔잎, 송피보다 낫다고 한다. 가야금 뜯는 소리를 들으며 돌아가신 선생을 생각하면 신선들의 음식인 송화다식이야말로 선생이 가장 사랑했던 음식이 아닌가 생각해본다.

재료 송홧가루 60g, 꿀 80g, 설탕 20g
만드는 방법
송홧가루에 꿀과 설탕을 재료 양의 2/3만 넣고 반죽하다가 송홧가루가 뭉쳐지는 상태를 보면서 나머지 꿀과 설탕을 추가한다.
송홧가루 반죽이 뭉쳐지면 다식틀에 넣고 손으로 눌러준 다음 송화다식을 틀에서 빼낸다.

송화주 松花酒

〈정조지〉권7 온배지류(醞醅之類), 송화주방(松花酒方)

송화주(松花酒)는 두 가지가 있는데 솔잎과 국화를 넣은 송화주와 송화가 터져서 날아가기 전의 쥐꼬리 같은 소나무꽃을 줄기째 보자기에 싸서 술이 발효가 될 때 넣는 송화주가 있다. 〈정조지〉의 송화주는 후자의 송화주다. 소나무꽃 줄기에 담긴 송홧가루가 새어 나오지 않도록 발이 고운 명주주머니에 담아 술이 거의 익을 즈음 넣고 우물 안에 차게 보관한 다음 걸러서 마시는 술이다. 우물 안에 술을 넣는 이유는 차가운 온도를 유지하여 술이 시는 것을 방지하고 소나무꽃 줄기의 향이 과하게 술에 담기는 것을 방지하기 위해서이다. 지금은 냉장고에 송화주를 넣는 것으로 우물 안을 대신하면 된다.

〈정조지〉의 조리법을 보기 전 송화주는 송홧가루를 보자기에 싼 다음 술에 넣는 것으로 미루어 짐작하고는 고운 송홧가루가 술에 섞여 나올 것을 염려하였다. 송홧가루를 채취하기 위해 애를 쓸 것도 없으니 누이 좋고 매부 좋은 방법이다. 저온에서 침출해서인지 송화주의 향이 강하지 않고 은은하다. 향기로운 송화주에는 늦봄의 나른한 홍취가 듬뿍 담겨 있다. 송화가 숙취 해소에 좋아 송화주는 많이 마셔도 뒤탈이 적다. 송화만 있으면 누구나 만들어 마시고 신선이 될 수 있다는 것이 송화주의 미덕이다.

재료 발효가 거의 끝나가는 술 한 동이, 소나무꽃 줄기 2컵
만드는 방법
소나무꽃 줄기를 채취하여 물에 씻어 말려두었다가 소나무꽃을 줄기째 명주보자기에 넣고 단단히 싼다.
발효가 거의 된 술이 담긴 술독에 송화를 담은 명주보자기를 넣고 찬 물이 담긴 물통에 술항아리를 담그거나 냉장고에 넣는다.
3일이 지난 뒤 명주주머니를 술에서 건지고 짠다.

송화강정

재료 찹쌀 5컵, 막걸리 500ml, 소주 3큰술, 설탕 2큰술(반죽용), 콩물 1컵, 튀김기름 적당량, 녹인 엿물 2컵(집청용), 꿀 1/4컵(집청용), 송홧가루 1/2컵, 녹말가루 50g

만드는 방법

찹쌀을 깨끗이 씻어 1~2주일 막걸리에 담가서 삭히는데 골마지가 끼면 여러 번 씻고 말끔히 헹구어 빻아 체에 내려 소주와 설탕, 콩물을 타서 조금씩 넣고 주걱으로 고루 섞듯이 반죽하는데 뭉쳐지는 정도면 된다. 찜통에 젖은 보를 깔고 반죽을 덩어리로 안쳐서 푹 찐 다음 꽈리가 일도록 힘껏 치댄다. 안반에 녹말가루를 뿌린 다음 반죽을 0.4cm 두께로 편다. 반죽이 꾸덕하게 굳으면 가로 1.5cm 세로 3.5cm 길이로 잘라서 바람이 없는 따뜻한 방안에서 바싹 말린 후 미지근한 튀김기름에 바탕을 넣고 5분 정도 불린 다음 140도 정도의 기름에 넣고 반 정도 부풀어 일어나면 뒤집어서 눌러 주면서 튀긴다. 튀긴 바탕에 집청을 한 후 송홧가루를 뿌려준다.

송화밀수

재료 물 140ml, 꿀 50g, 송홧가루 20g, 잣 5개

만드는 방법

물을 끓여 차게 식힌 다음 꿀을 넣고 잘 섞어 둔다.

꿀물에 송홧가루를 넣고 잘 저어 고깔을 뗀 잣을 올린다.

* 송화밀수는 꿀과 물, 송화의 양에 따라서 다양한 농도의 맛을 즐길 수 있다.

95

※ 송화강정

송홧가루를 이용하여 만드는 대표적인 음식으로 송화다식과 송화밀수, 그리고 송화강정이 있다. 송화다식과 송화밀수는 강한 단맛이 특징이지만 송화강정은 연하고 고소한 찹쌀과자와 어우러진 은은한 송화의 향과 맛이 매력적이다. 선인들은 송화강정을 강정 중에 가장 맛이 없는 강정이라고 하였지만 강한 단맛과 자극적인 맛에 질린 현대인들에게는 가장 좋아할 만한 강정이다. 백년초, 뽕잎가루 등으로 색을 낸 강정들이 있기는 하지만 송화빛 강정이 주는 고상함은 따라올 수가 없다. 송화강정을 집는 손짓들이 부드럽다. 아사삭~ 부드럽고 달콤함 속에 묻힌 송화맛이 무덤덤하지만 기대하지 않은 솔향이 살짝 숨어 있다.
"나는 강정 중에 송화강정이 제일 맛있소."
온통 송화빛으로 꾸민 흥부 마누라가 송화강정을 먹으며 고상하게 말한다.
"우리도 송화강정이 제일 맛있소~"

※ 송화밀수

송화밀수(松花蜜水)는 소나무의 꽃인 송홧가루를 꿀물에 타서 먹는 여름철 궁중 음료로 갈증 해소에 그만이다.
송홧가루는 향기롭고 건강에도 좋지만 입자가 곱고 가벼워 송홧가루 자체를 먹기에는 애로사항이 있다. 송홧가루를 조심스럽게 수저에 담아서 입으로 가져가는 순간 송홧가루는 콧김에 의해서 날아가 버린다. "아이고 아까워라~ 귀한 송홧가루를……" 생각지도 않은 청소를 하면서 게도 구럭도 다 놓친 사람의 심정이 이런 마음이었을 것이라라 생각한다. 날아다니는 송홧가루를 가장 확실하게 붙잡는 방법은 끈적이는 꿀과 함께 버무린 송화밀수를 만들어 먹는 것이다. 꿀에는 천연 항생 성분이 있어 송화와 함께 먹으면 현대인의 건강을 지키는 데 큰 도움을 준다. 송화밀수를 만들 때는 꿀물을 먼저 만든 다음 송홧가루를 넣는 것이 송홧가루를 날리지 않고 만드는 비결이며 송홧가루를 꿀물에 미리 타 놓으면 가라앉고 맛이 텁텁해지므로 먹기 직전에 넣은 다음 휘휘~ 저어 마시면 귀한 송화를 알뜰하게 먹을 수 있다.

⑤

송
화
와

소
금

살랑거리는 봄바람에 실린 송홧가루에 온 마을은 노랗게 물들고 보릿고개를 넘기는 사람들의 얼굴도 노랗다. 배고픔에 지치고 지친 서러운 사람들은 장독대, 방안까지 가리지 않고 들어오는 송홧가루가 반갑지 않다. 배도 채우지 못하는 지분지분한 천덕꾸러기 송홧가루가 소금밭에 앉으면 황금빛 나는 송화소금이 되어 귀한 몸이 된다. 송홧가루가 노랗게 소금 위에 내려 앉는 기간은 열흘 정도로 염전 사람들은 송화소금을 채취하기 위해서 바쁘다. 송화소금을 만들기 위해서 송홧가루를 소금과 섞기도 하지만 바람과 태양의 힘으로 만들어진 송화소금에 비해서 맛과 향이 떨어진다. 솔향기가 나는 송화소금으로 장을 담그거나 김치를 담그면 음식에서 깊은 맛이 난다. 소나무의 생명인 송화와 우리의 생명을 유지하는 데 없어서는 안 되는 소금과의 만남은 운명일지도 모른다.

부들

산다는 건 떨림의 연속이다
부들 부들 강을 건너고
부들 부들 세월의 고개를 넘고
가녀린 떨림들이 빚어낸
몸의 마디
부들의 잎새같은

산다는 건 울음의 연속이다
부들 부들 눈물을 짓고
부들 부들 밤을 지새우고
가녀린 떨림들이 만들어낸
생의 뼈대
부들의 꽃잎 같은

— 송종찬

제6장

○

부들(포황)

부들은 강가, 연못, 습지 등 물가에서 군락을 이루어 자생하는 여러해살이풀이다. 부들꽃은 먹기 좋게 꼬치에 꽂힌 소시지와 닮아서 '부들'에 대해서 모르면 꼬치에 꿴 소시지가 물속에 서 있다고 생각하면 된다. 서양 사람들은 부들을 캣테일(Cattail)이라고 한다.

사람들은 물 위의 부들보다는 화병에 담긴 부들이 익숙한데 똑바로 선 부들이 다른 꽃들과 어우러지면서 중심을 잡아 주고 꽃대가 오래가 꽃꽂이에 자주 사용되었기 때문이다. 지금은 꽃꽂이도 자연스러움이 대세라 부들이 잘 사용되지 않는 것 같다.

부들은 뿌리만 물속에 있고 줄기와 잎은 모두 물 밖으로 드러나 있는데 뿌리는 수질을 정화하고 줄기와 잎으로는 방석이나 짚신을 짓는 데 사용하며 새들의 안식처가 된다. 특히 포황이라고 불리는 수컷 부들 꽃가루는 화상을 비롯한 상처 치료에 뛰어난 약성을 가지고 있다.

부들꽃은 6~7월경에 피기 시작하는데 꽃가루받이를 할 때 부들의 몸체가 부들부들 떤다고 해서 부들, 부들의 줄기가 부들부들해서 부들, 부들의 꽃이 폭신폭신 부드럽다고 해서 부들이라고 하는데 모두 부들의 부드러움이라는 특징이 잘 담겨 있다.

부들이라는 부드러운 이름과는 달리 부들의 꽃말은 '거만'이라고 하는데 키가 크고 허리가 반듯해서 거만해 보이기 때문이다.

* 포황의 효능

포황은 혈열을 내리고 수렴과 지혈 작용이 있어 토혈과 코피, 소변혈에 효과가 있으며 혈전을 녹이거나 응고되지 않도록 하는 작용이 탁월하고 소변 배출을 용이하게 해준다. 포황은 맛이 달고 성질은 한쪽으로 치우치지 않아 평하다. 포황이 약으로 사용된 것은 중국의 신농씨 때부터라고 하는 것을 보면 포황이 상처 치료에 많이 쓰였을 것으로 짐작된다.

포황다식 蒲黃茶食

〈정조지〉 권3 과정지류(菓飣之類), 송황다식방(松黃茶食方)-포황(蒲黃)

서유구 선생은 포황도 송화처럼 꿀에 사탕가루를 넣고 다식을 만들면 좋다고 하였다. 포황은 부들의 노란 수꽃가루를 털어서 말린 것을 말하는데 향포(香蒲), 감포(甘蒲)라고도 한다.

잎이 부드러워 부들부들하다는 뜻에서 '부들'이라고 부른다. 6~7월경에 소시지 모양의 꽃이삭이 달리는데 수꽃은 노란색으로 위에 달리고 암꽃은 녹색으로 아래에 달린다. 서로 수분을 마치면 수꽃이삭은 꽃가루를 다 날리고 떨어져 버린다. 가을, 겨울에도 볼 수 있는 소시지 같은 열매는 암꽃이삭이 변한 것으로 안에는 하얀 솜털과 씨앗으로 가득 차 있다가 열매가 터지면서 바람에 씨앗이 멀리 퍼트려진다. 포황도 송홧가루처럼 노란 가루가 날리기 전에 채취해야 한다.

재료 포황가루 70g, 꿀 87g, 설탕 22g

만드는 방법

포황가루에 꿀과 설탕을 재료 양의 2/3만 넣고 반죽하다가 포황가루가 뭉쳐지는 상태를 보면서 나머지 꿀과 설탕을 추가한다.

포황가루 반죽이 뭉쳐지면 다식틀에 넣고 손으로 꾹꾹 눌러준 다음 포황다식을 틀에서 뺀다.

포황도넛

재료 포황가루 30g, 밀가루 270g, 버터 45g, 계란 2개, 설탕 120g, 베이킹파우더 15g, 탈지분유 12g, 소금 3g, 넛맥 1.2g

만드는 방법

포황가루, 밀가루, 베이킹파우더, 넛맥을 넣고 체로 치고, 버터는 중탕을 한다. 믹싱볼에 계란, 소금, 설탕을 넣어 녹아서 점성이 생길 때까지 치다가 위의 체로 친 가루와 중탕한 버터를 섞어 점성이 생기지 않을 정도로 가볍게 뭉쳐 둔다. 반죽의 표면이 마르지 않게 비닐로 싼 후 10분간 휴지시킨 다음 반죽을 밀대로 밀어 편 후, 15분간 휴지시킨다. 작은 도넛틀로 모양을 찍어내는데 대략 35g 정도가 적당하며, 다시 10분간 휴지시킨 후 180도 정도의 온도에서 2분 30초 정도 튀긴다. 도넛이 약간 식은 후 설탕을 뿌린다.

※　　포황도넛

　　　　　　포황가루의 맛은 덤덤하면서 약간은 떨떠름하기도 하여 현대인이 좋아할
만한 맛은 아니다. 건강에는 좋지만 매력 없는 포황의 맛을 확실하게 숨긴 포황도넛
을 만든다. 포황가루를 밀가루에 섞어 체에 친 다음 버터, 설탕, 계란과 함께 도넛 반
죽을 하여 기름에 튀겼다. 포황가루가 들어가서 도넛이 빨리 타기 때문에 도넛은 작
게 만들어 빨리 튀겨지도록 한다.

도넛이 열량이 높고 콜레스테롤을 높일 수 있는 버터와 기름, 계란, 설탕이 들어가기
때문에 금기식품으로 생각하는 사람들이 많다. 포황은 도넛이 가진 치명적인 약점
을 감춰주는 약성을 가지고 있어 도넛은 먹고 싶지만 건강이 염려되어 먹지 못하는
분들께 포황을 넣은 도넛을 추천한다. 아울러 포황에는 뛰어난 피부 재생 효과가 있
다는 것도 기억하길 바란다.

* 도넛은 이스트로 부풀리는 빵도넛과 베이킹파우더로 부풀리는 케이크도넛이 있다.
　케이크도넛은 모양을 만든 후 바로 튀겨야 하고 빵도넛은 모양을 만들어 부풀린 다음에 튀겨야 한다.

* 도넛의 모양을 만들 때는 덧가루를 많이 사용하지 않는 것이 좋다.

꽃음식에 적합한 꽃

식용 꽃과 식용할 수 없는 꽃으로 구분한 다음에는 식용 꽃 중에서 질감, 향기, 모양 등 꽃음식에 적합한 꽃을 선택하는 것이 매우 중요하다. 음식에 적합하지 않은 꽃이 꽃음식에 사용되면 꽃음식에 대한 부정적인 인식을 갖게 되기 때문이다.

우리나라 사람들에게 식용 꽃으로 인지도가 높은 꽃은 진달래와 국화, 장미, 민들레, 송화, 벚꽃, 매화 정도인데 그중 진달래꽃의 인지도가 가장 높다. 진달래를 먹어본 경험은 없어도 '진달래화전'이 자주 거론되어 익숙해져서이다.

꽃음식에 담기에 좋은 꽃의 조건으로 맛, 향, 색, 질감, 식감, 음식과의 어울림, 꽃의 이미지와 감흥, 계절 등이 고려되어야 하는데 '진달래화전'이 이런 조건을 골고루 갖추었기 때문이다. 다음으로 국화의 인지도가 높은데 비교적 쉽게 접할 수 있는 '국화차'의 영향인 것 같다.

진달래와 국화를 굳이 비교해 보면 진달래는 국화보다 향이 강하지 않고 꽃잎이 얇아서 식용하였을 때 특별한 부담은 없으면서 색깔이 고와서 꽃음식으로 완벽한 조건을 갖추고 있다. 진달래처럼 우리의 정서를 담으면서도 한식과 잘 어울리는 꽃이나 특정 지역이나 집안에서 먹었던 꽃음식을 발굴하여 현대인이 즐기는 음식에 담는 시도가 이루어져야 한다.

꽃음식에는 외래명을 가진 꽃보다는 가급적 토종꽃의 사용을 권장한다. 음식은 그 나라의 문화와 역사를 엿볼 수 있는 창이다. 선인들이 오래 전부터 사용하여 우리의 이야기와 감성이 담겨 있는 진달래, 개나리, 봉선화 등의 토종꽃으로 꽃음식을 만들면 우리의 긴 이야기들이 자연스럽게 이어질 것이다.

민들레

엉겅퀴

로즈메리

토종꽃과 더불어 쉽게 시들지 않는 민들레, 엉겅퀴, 원추리, 달맞이꽃 등의 야생화도 약성이 뛰어나면서도 향이 부드러워 식용 꽃으로 적합하다. 작고 소박한 지칭개, 풍년초, 광대나물 등의 나물꽃과 오이, 감자, 가지, 토마토, 무, 배추, 쑥갓 등의 채소꽃도 식용에 적합한 꽃이다. 채소꽃과 나물꽃은 작지만 쉽게 시들지 않고 채소, 나물과 비슷한 맛과 향기를 가지고 있어 음식에 담겨지면 쉽게 친근해진다.

향으로 친근한 허브꽃을 사용하여 꽃음식을 만들면 누구나 거부감이 없이 꽃음식을 즐길 수 있다. 꽃음식에 대한 거부감은 관상용인 꽃을 먹는다는 것에 있다는 것을 생각하면 잎을 허브로 사용하여 향기에 익숙한 루꼴라, 민트, 로즈메리 등의 꽃을 음식에 담는다. 허브꽃은 독성이 없을 뿐만 아니라 꽃이 자잘하여서 별다른 가공 없이 음식에 올려도 음식의 맛과 풍미, 분위기를 올려준다.

풍년초

109

해당화

당신은 해당화 피기 전에 오신다고 하였습니다.
봄은 벌써 늦었습니다.
봄이 오기 전에는 어서 오기를 바랐더니,
봄이 오고 보니 너무 일찍 왔나 두려워합니다.
철모르는 아이들은 뒷동산에 해당화가 피었다고,
다투어 말하기로 듣고도 못 들은 체하였더니,
야속한 봄바람은 나는 꽃을 불어서 경대 위에 놓입니다그려.
시름없이 꽃을 주워서 입술에 대고, "너는 언제 피었니" 하고 물었습니다.
꽃은 말도 없이 나의 눈물에 비쳐서 둘도 되고 셋도 됩니다.

– 한용운

제7장

○

해당화

해당화는 우리나라 바닷가의 모래땅에서 무리를 지어 자라는 장미과의 꽃이다. 조선 전기의 학자 강희안은 《양화소록》에서 꽃을 9품제로 나누었는데 해당화는 번화함을 뜻하는 꽃으로 5품으로 기록하였다. 해당화의 붉은 꽃은 벽사의 의미가 있으며, 가시는 잡신을 물리치는 주술적인 면이 있다. 향기를 품은 아름다움과 가시라는 이중적인 매력으로 사랑받는 대표적인 꽃이 장미이지만, 서해 어느 바닷가의 거친 바닷바람에도 고운 자태를 간직한 붉은 해당화를 바라보면 장미를 능가하는 삼중의 매력을 지닌 꽃이 해당화가 아닌가 생각한다. 해당화의 벙글은 봉오리는 장미와 닮았지만 활짝 피어나면 장미와 확연히 구분된다. 해당화의 향기가 장미보다는 조금 더 은은하고 꽃잎도 얇아서 음식의 식재료로 더 적합할 것 같다. 붉은 해당화 속에서 귀한 흰 해당화를 발견하였다. 해당화도 장미처럼 다양한 빛깔이 개발된다면 관상용과 식재료로서의 가치가 더 올라갈 것 같다. 시시각각으로 변하는 바닷빛을 배경으로 붉은빛을 토해내는 해당화가 가슴이 선득해지도록 외로워 보인다.
붉은 해당화가 곱게 핀 바닷가에는 수평선 너머로 갈매기 한두 쌍이 날아다니고 있다. 해당화와 갈매기 그리고 바다가 있을 뿐이다.

✻ **해당화의 약성**

예로부터 해당화는 뛰어난 약성으로 인해 다양한 방식으로 섭취하였다. 매괴로는 해당화의 꽃을 수증기로 증류하여 얻은 정유인데 맛은 담담하고 향은 상쾌하여 간과 위의 질환 치료에 사용하였다. 해당화유는 해당화꽃으로 짠 기름으로 시트로넬랄(citronellal) 함량이 가장 높고 장미유와 유사한 성분인 제라니올(geraniol) 함량이 그 다음으로 높다. 해당화의 붉은 색소에는 갈릭산(gallic acid), 안토시안(anthocyan) 성분이 있어 노화를 지연시킨다.
해당화꽃에는 비타민 C가 다량으로 함유되어 있어 멜라닌 색소를 조절해 주어 생기 넘치는 피부를 만들어준다.

해당화 상추뿌리김치

〈정조지〉 권4 교여지류(咬茹之類), 엄와거방(醃萵苣方)

소금에 절인 상추뿌리를 말렸다가 다시 끓여 식힌 소금물에 담가서 말린 다음 켜켜로 해당화를 넣어 먹는 김치다. 상추뿌리는 쓴맛이 강하기 때문에 고들빼기처럼 물에 우려서 쓴맛을 빼야 한다. 상추뿌리를 절여서 말렸고 해당화에서도 수분이 나오지 않기 때문에 물을 꼭 짠 장아찌를 연상시킨다. 소금에 절여진 씁쓸한 상추뿌리보다 먼저 해당화의 은근한 향이 코를 제압한 다음 씁쓸하면서 짭조름한 맛이 입맛을 돋운다. 소금에 절여지면서 우중충해진 상추뿌리의 색은 해당화가 되살려 준다. 거친 식감과 야생의 맛을 가진 상추뿌리와 해당화꽃이 빚어낸 부조화 속에서의 낯선 맛이 금방 친근해지는 것은 우리 몸에 꽃을 먹었던 유전자가 남아 있음이리라.

재료 해당화 60송이, 상추뿌리 100개, 소금 4kg

만드는 방법

상추뿌리 100개에 소금 4kg를 넣고 하룻밤을 절인다.

상추뿌리는 햇볕에 말리고 위의 상추뿌리를 절였던 소금물을 끓인 다음 식힌다.

소금물에 상추뿌리를 넣고 절인 다음 햇볕을 쬐어 말렸다가 다시 소금물을 끓인 다음 식혀서 상추뿌리를 넣고 햇볕에 말린다. 단지 안에 거두어 두는데 사이사이에 해당화꽃을 넣는다.

해당화 백김치

재료 해당화 10송이, 배추 1/4통, 무 1/5토막, 찹쌀풀 50ml, 다시마육수 1/4컵, 소금 1/3컵, 까나리액
젓 1/5컵, 말린 쪽파 1줌, 배 1쪽, 사과 2쪽, 설탕 1T, 통깨 3T

만드는 방법

배추는 겉잎을 제거하고 소금으로 간하여 씻은 다음 손으로 먹기 좋게 뜯어 둔다.

찹쌀풀에 다시마육수, 까나리액젓을 섞어 배추에 붓는다.

배, 사과, 무, 설탕, 말린 쪽파를 버무려 준다.

해당화꽃을 넣어 가볍게 버무리고 통깨를 뿌린다.

해당화 꽃주와 해당화 설탕절임을 넣은 케이크

재료 해당화꽃주 1컵, 해당화 설탕절임 1/2컵, 버터 125g, 설탕 1/3컵, 생크림 1/3컵, 밀가루(박력분) 2 1/2컵, 계란 4개, 베이킹파우더 2T, 소금 4g

만드는 방법

밀가루는 베이킹파우더와 함께 체에 치고 버터는 실온에서 부드럽게 녹인다.

믹싱볼에 계란 노른자 4개에 설탕, 소금을 넣고 녹이다가 해당화 설탕절임을 넣고 거품기로 섞어준다. 믹싱볼에 계란 흰자를 거품 내는데 뒤집어도 떨어지지 않을 때까지 거품을 낸다.

베이킹파우더와 함께 체에 친 밀가루에 녹인 버터를 넣고 살살 저어주면서 해당화꽃주를 조금씩 부어 준다. 위의 반죽에 거품 낸 계란 흰자를 넣고 부드럽게 저어준다. 반죽을 밥통에 넣고 180도 오븐에서 30분간 구워 준다.

* 전기밥통에 케이크를 구울 때에는 내솥에 반죽을 붓고 취사버튼을 눌러준다.

해당화 가자미구이

재료 해당화 2송이, 가자미 1마리, 밀가루 3큰술, 치자 3개, 소금 1g, 식용유 조금

만드는 방법

치자를 미지근한 물 30㎖에 하룻밤을 우리고 가자미를 깨끗이 씻어 소금을 뿌려 꾸덕하게 말린다.

밀가루와 치자 물을 1:1로 섞어 밀가루를 입혀 둔 마른 가자미 위에 바른다.

달구어진 프라이팬에 기름을 두르고 가자미를 지지다가 해당화꽃잎을 올린다.

❋　해당화 백김치

　　〈정조지〉에 소개된 해당화를 넣은 상추뿌리김치가 칙칙하지만 고상한 느낌을 주며 어우러진다면 해당화백김치는 고운 해당화꽃 빛깔을 잘 살린 김치다. 절인 배추의 켜에 소금에 살짝 절인 해당화를 넣는 얌전한 백김치를 담글까 망설이다가 〈정조지〉의 상추뿌리김치처럼 자연스럽게 겉절이 식으로 담그기로 한다. 서해의 바닷바람에 맞춰 춤을 추던 자유로운 모습의 해당화가 떠올랐기 때문이다.

뽀얀 배추에 붉은 해당화의 어울림은 '아름답다'라는 말로 맛에 대한 평가를 덮기에 충분하다. 이 해당화백김치를 보고 맛을 논하는 자여! 그대는 진정한 미식가(美食家)가 아니라 미식가(味食家)일 뿐이다.

❋　해당화 꽃주와 해당화 설탕절임을 넣은 케이크

　　해당화꽃주와 해당화 설탕절임을 넣고 향기로운 카스텔라를 만들었다. 진하게 우러난 향기로운 해당화꽃주와 핏빛보다 진한 해당화 설탕절임을 보자 농축된 단맛의 카스텔라에 해당화의 붉은빛과 향을 담고 싶었다. 진한 해당화의 향기가 술과 설탕절임에 잘 녹아나 있다. 계란 흰자를 거품을 내고 진한 향과 색에 어울리도록 크림을 넣은 다음 꽃주와 절임액과 꽃잎을 넣었다. 붉은빛이 도는 빵 반죽을 오븐 대신 낡은 밥통에 넣고 구워 주었다. 연기가 피어오르고 약간 타는 냄새가 나는 듯해서 밥통을 열어 보았더니 분홍빛 해당화빵이 환하게 웃으며 나를 반긴다. 낡은 밥통이 커다란 탓에 크기가 넉넉해서 여러 명이 나누어 먹을 수 있다. 넓적한 빵 위에 절인 해당화꽃을 올려보았다. 생일케이크로 딱 좋다.

* 해당화주(매괴주) 만들기

매괴는 해당화를 말한다. 해당화를 말려서 술에 넣으면 매괴주가 되는데 그 고운 빛깔을 보는 것만으로도 술을 마신 것처럼 기분이 들뜨고 행복해진다. 보통은 소주에 담그는 방식인 침출주(담금주)로 꽃주를 만드는데 꽃의 고운 색을 얻기 위해서는 위스키나 보드카 등 도수가 높은 술에 담그는 것이 좋다.

* 해당화 설탕절임

해당화를 깨끗이 씻은 다음 물기를 말리고 설탕을 꽃 위에 켜켜로 뿌린 다음, 술을 부어서 설탕이 녹도록 하는데 용기를 가끔 뒤집어서 꽃이 설탕액에 적셔지도록 한다.

✳ 해당화 가자미구이

　　해당화를 채취한 곳이 모두 서해의 바닷가였다. 평생 바다의 노래를 들으며 살아왔을 해당화를 서해 바다 출신의 뽀얀 살빛 가자미와 합쳐 보았다.

치자를 넣은 밀가루로 옷을 입혀서 구운 가자미 앞에서 감격스러웠던 기억이 난다. 개나리꽃빛 치자 대신 붉은 해당화를 흰 밀가루옷을 입은 납작한 가자미 위에 올려주었다. 붉은 해당화가 장식의 효과와 식욕을 돋우는 효과도 있지만 무엇보다 비린내를 가시게 한다. 바다가 고향인 해당화와 가자미가 멋지게 어울린다. 해당화 향이 가자미의 넓은 등판에서 솔솔 풍긴다. 담백한 맛과 화려한 향기가 서로의 부족함을 채워 준다.

철썩~ 해당화가 들려주는 바다의 이야기가 들린다.

* 이란에서는 생선을 장미수로 씻어 비린내를 제거하고 장미의 향을 생선에 더하는데 장미를 활용한 꽃음식으로 분류한다.

* 생선음식 장식하기

전통적으로 생선을 장식하는 방법에는, 밀가루 등에 치자나 강황 등의 색을 들여서 찌거나 기름에 지지는 방법과 찌거나 구워서 조리된 생선의 몸에 계란 지단, 실고추, 석이버섯, 쑥갓 잎 등 옷기를 올려 장식하는 방법이 있다. 치자나 강황으로 물을 들이면 색이 고와서 장식의 의미도 있지만 생선의 부패를 방지하는 일석이조의 효과가 있다.

치자꽃 향기

열매빛은 황금같이 부드럽고
꽃은 어여뻐 흰 눈처럼 향기롭네
배가 물가운데 달을 뚫듯이
치자꽃 향기가 코끝으로 전해오네
기이한 여섯 꽃잎 피워
은은한 향기 머금었는데
하늘 하늘 치자꽃 바람에
온 마을이 향긋하다.
겨울에도 푸릇 푸릇 잎이 있으니
돌이켜 얻은 몸과 마음에서
향기 더욱 맑아지네

- 고영화

제8장

○

치자꽃

치자는 꽃보다는 건어물 가게의 북어나 오징어, 멸치 등의 틈바구니에 숨어 있는 주홍빛의 귀여운 깍지열매가 먼저 떠오른다. 열매가 있기 전에 꽃이 앞서는 것이 당연하지만 치자 열매의 신통한 효능에 치자꽃이 치이고 따뜻한 곳에서 잘 자라는 치자의 특성상 우리나라 전역에서 골고루 치자나무를 볼 수 없기 때문이다. 주홍빛 열매와는 달리 치자꽃은 순결을 상징하는 흰빛이지만 향기가 풍성하고 관능적이어서 장미, 수선화, 재스민 향과 더불어 여성의 우아함과 순결함, 청초함을 상징하는 향수로 각광받고 있다.

강희안은 《양화소록》에서 치자꽃은 담복(薝葍), 선지(鮮支)라고도 하는데 꽃잎이 여섯 장이라고 하였으며 꽃 중에서 가장 고귀하다고 칭송하였다. 담복 숲에 들어가면 담복 향이 가득하여 다른 향기를 맡을 수 없다고 하였다. 치자꽃의 특징을 꽃색이 희고 기름지며 꽃향기가 맑고 풍부하며 겨울이 되어도 잎갈이를 하지 않는 것이라고 하였다.

치자라는 이름은 치자의 열매가 손잡이가 있는 술잔을 닮았기 때문이고 선지라는 이름은 열매가 노란 조약돌을 닮았기 때문이며 불교에서는 치자를 담복이라고 부른다. 치자꽃이 피면 장마가 시작되고 치자꽃이 떨어지면 장마가 끝난다.

❋ **치자꽃의 효능**

향기로운 치자는 성질이 차갑고 쓴맛이 있지만 독이 없다. 치자꽃은 진통과 소염 작용이 뛰어나기 때문에 목감기와 코감기에 좋은 효과를 보인다. 치자꽃은 해독과 해열, 지혈 작용이 있어 여드름과 상처 치료에도 좋다. 치자꽃의 성질이 차기 때문에 감기에는 치자꽃으로 술을 담가 먹으면 좋다. 치자꽃으로는 향지(꽃기름)를 추출할 수 있는데 피로회복, 해열, 식욕증진에 효과가 있다.

담복자방 薝葍鮓方 1

〈정조지〉 권4 교여지류(咬茹之類), 담복자방(薝葍鮓方)

〈정조지〉에는 '담복자'라는 이름의 아주 낯선 꽃음식이 등장한다. 치자가 담복이라는 이칭(異稱)을 가지고 있다는 것을 모르면 치자꽃 음식이라는 것을 여간해서는 알수가 없다. 담복자에서 담복은 치자꽃을, 자(鮓)는 생선처럼 소금에 절여 삭히는 것을 의미한다. 담복자는 치자꽃을 삭혀서 만든 젓갈을 말한다. 〈정조지〉를 만나기 전까지는 도저히 상상조차 못하던 꽃젓갈이다. 젓갈은 생선으로 만든 비린내 나는 음식으로 생각하는 우리의 고정관념을 뿌리째 뒤흔드는 치자꽃 젓갈은 상상력과 호기심을 불러일으킨다.

치자꽃이 피는 시기를 놓칠까 봄부터 조바심을 치다가 두어 달의 기다림 끝에 남해삼자 즉 치자, 유자, 비자로 유명하다는 남해 바닷가의 비탈진 치자밭에서 어린 치자꽃을 채취하였다. 순결한 치자꽃에 소금을 넣었다. 젓갈은 소금에 절여 오래 두고 먹는 음식이므로 꽃젓갈을 만들기 위해서는 소금을 듬뿍 넣어야 한다. 예외는 없다.

봄꽃이 피어날 무렵 치자꽃 젓갈을 열어 보았다. 생선젓갈은 시간 속에서 뼈와 살이 분리되어 흩어지지만 치자꽃은 색이 어두운 자색으로 변했을 뿐 모양과 향을 잃지 않았다. '썩어도 준치'라더니… 꽃은 절여져도 꽃이구나!

재료 어린 치자꽃 500g, 소금 100g

만드는 방법

어린 치자꽃을 채취하여 씻어서 물기를 제거한 다음 소금을 뿌려서 골고루 섞는다.
항아리나 유리병에 저장한다.

담복자방 薝蔔鮓方 2

〈정조지〉 권4 교여지류(咬茹之類), 담복자방(薝蔔鮓方)

나지막한 치자나무에 우아한 상아빛 치자꽃이 적당한 간격으로 다닥다닥 붙어 핀 것을 본 순간 순결한 아름다움과 우아한 향기에 탄성이 절로 난다. 〈정조지〉에는 반쯤 핀 치자꽃을 따서 담복자를 담그라고 했는데 반쯤 핀 꽃은 한참을 따도 바구니를 채우기가 어렵다. 백반 물에 데친 치자꽃에 누런 쌀과 회향, 산초를 넣고 붉은 누룩곰팡이인 홍국을 넣어 치자꽃 젓갈인 담복자를 만든다. 홍국은 누런 쌀과 결합하여 담복자의 발효를 촉진시킬 뿐만 아니라 치자를 노을빛이라고 밖에 표현할 수 없는 붉은색으로 곱게 물들인다. 가자미 식혜를 만드는 원리와 비슷하다.

가자미 대신 치자꽃이라……. 얼마나 획기적이고 창의적인 음식인가?

홍국은 콜레스테롤을 낮추는 모나콜린 K를 함유하고 있어 콜레스테롤과 중성지방을 낮추어 주는 약으로 활용되고 있다. 곱구나 고와! 연지 곤지를 찍은 담복자가 곱구나!

* 백반의 역할

백반은 맛이 시고 떫으며 차가운 성질로 독이 없다. 백반은 폐와 비경에 작용하며 습을 없애고 가래를 삭히며 수렴 작용을 하여 출혈 등에 좋다. 살충과 항균, 해독 작용이 뛰어나다. 우리가 흔히 쓰는 백반인 칼륨백반은 매염제로 색의 빛깔을 뚜렷하게 하는 효과가 있어 염색에 쓰인다. 손톱에 봉선화 물을 들일 때 백반을 사용하는 이유이다. 칼륨백반 속의 불순물을 제거하기 위해서 불에 오래 가열하여 고백반으로 만들어 사용한다.

재료 반쯤 핀 치자꽃 70송이, 가늘게 썬 파 1컵, 회향 1T, 산초 1T, 누런 누룩 2컵, 현미밥 1공기, 소금 2T

만드는 방법

반쯤 핀 치자꽃을 채취하여 깨끗하게 씻어 물기를 제거하고, 가늘게 썬 파, 회향, 산초, 누룩, 현미밥을 갈아서 소금과 고루 섞는다.

섞은 재료에 반쯤 핀 치자꽃을 더하여 반나절을 절인다. 절여진 치자꽃은 물기를 짠 다음 먹는다.

치자꽃 머핀

재료 치자꽃 6송이, 밀가루(박력분) 2컵, 베이킹파우더 6g, 달걀 2개, 설탕 80g, 포도씨기름 40g, 우유 100ml, 소금 4.5g

만드는 방법

밀가루에 베이킹파우더를 넣고 체에 쳐서 내려둔다.

포도씨기름 40g과 설탕, 달걀을 넣고 잘 섞는데 달걀은 두 번에 나누어 넣어 준다.

밀가루를 넣고 주걱으로 반죽이 부드럽도록 잘 섞고 우유를 조금씩 나누어 넣으면서 반죽을 잘 저어주다가 치자꽃을 반죽에 넣는다.

머핀틀에 포도씨기름을 바른 다음 머핀 반죽을 붓고 180도로 예열한 오븐에 25~30분 정도 굽는다.

치자꽃 밥

재료 쌀 2컵, 치자 10개, 치자꽃 2송이

만드는 방법

치자는 물에 우려서 30분 정도 불린 쌀에 넣고 밥을 짓는다.

밥이 보글보글 끓기 시작하면 30초간 두었다가 불을 끄고 밥물이 잦아들 때까지 둔다.

밥 위에 치자꽃을 올리고 불을 다시 올리는데 약불을 유지한다.

밥 냄새가 나기 시작하면 중강불로 올려 30초쯤 두었다가 불을 끈다.

담복화전

재료 치자꽃 10송이, 밀가루 1컵, 꿀 1.5컵, 소금 2.5g, 기름 적당량

만드는 방법

치자꽃의 수술을 제거하고 식초 물에 씻어 물기를 빼두고 밀가루, 꿀, 소금을 덩어리가 지지 않도록 잘 섞는다.

약불에서 천천히 끓인다.

치자꽃에 끓인 밀가루풀을 바르고 팬에 기름을 두른 다음 치자꽃을 지진다.

치자꽃 칵테일

재료 치자꽃 300g, 럼주 500ml

만드는 방법

치자꽃을 식초 물에 깨끗이 씻어 물기를 완전히 제거한다.

럼(Rum)주에 치자꽃을 담고 밀봉한 다음 서늘한 곳에 두어 숙성시킨다.

✳ 치자꽃 머핀

빵도 보약인 요즘 시대에 맞추어 치자꽃을 머핀 반죽에 넣었다. 해당화 케이크가 화려한 색감을 살리는 것에 중점을 두었다면 치자꽃 머핀은 밀가루색과 비슷한 치자꽃으로 동색 계열이 주는 은근한 멋을 살렸다. 해당화 케이크가 특별한 날을 위한 케이크라면 치자꽃 머핀은 소중한 일상을 위로하는 따뜻함이 느껴지는 꽃머핀이다. 귀한 치자꽃을 머핀에 담았다는 사실만으로도 이 머핀은 가치가 있다고 치자꽃향이 나지 않는 머핀에 실망할지도 모르는 나의 마음을 위로해 본다. 화덕에서 따뜻하면서 고소한 향기가 풍겨 나오며 머핀이 만들어졌음을 알린다. 아! 초여름 밤의 느긋한 공기 속에 달콤한 치자꽃 향기가 날린다.

* 머핀(Muffin)
머핀은 이스트, 마가린, 양조식초를 사용하여 발효시킨 달지 않은 잉글리시 머핀과 베이킹파우더 등의 팽창제를 넣어 제조시간을 단축한 컵 모양의 달콤한 아메리칸 머핀이 있다. 잉글리시 머핀은 구워서 잼, 계란, 버터, 햄, 베이컨 등과 함께 토스트처럼 아침식사로 먹는다. 영국을 제외한 나라에서 아메리칸 머핀과 구분하기 위하여 잉글리시 머핀이라고 한다.

✳ 치자꽃 밥

치자로 물들인 밥을 먹고 큰 감동을 받았다는 글을 읽은 적이 있다. 옛날에는 구황의 의미로 다양한 밥을 먹어야만 했다. 시래기밥, 무밥, 둥굴레밥, 비지밥 등등 양을 늘리기 위한 다양한 밥들이 탄생하였다.
치자밥은 밥 양을 늘리지는 않지만 밥이 쉬는 것을 방지하기 위하여 짓는 밥이다. 〈정조지〉를 통해서 꽃과 과일의 향기를 더한 밥에 익숙하기 때문에 치자에 치자꽃을 더한 밥을 지어 보았다. 치자 물로 밥을 짓다가 밥이 한소끔 끓을 때 치자꽃을 던져 넣었다. 치자꽃잎이 두껍기 때문에 밥이 완성된 후에도 볼품이 사라지지 않았다. 샛노란 밥과 어우러진 치자꽃의 모습이 자연스럽다. 치자꽃은 향이 강해서 두어 송이만 넣어도 충분하다. 치자꽃밥이 한 김 식자 치자 향기가 솔솔 풍겨 나오기 시작한다. 치자꽃밥은 비벼서 먹기보다는 향을 음미하며 나물과 같이 곁들여 먹는 것이 좋다. 밥 속에 얹어진 치자꽃은 간장을 찍어서 먹는 반찬으로도 그만이다.

※　담복화전

　　　담복화전은 밀가루에 꿀과 소금을 넣고 풀같이 끓인 것을 치자꽃에 발라 기름에 지진 농밀한 꽃지짐이다. 담복화전을 완성하기 전부터 밀가루의 부드러움과 꿀의 달콤함, 치자의 농밀한 향기가 단숨에 오감을 자극한다. 밀가루는 이미 익었기 때문에 치자전을 굳이 오래 지질 필요가 없다.

익힌 밀가루죽을 바르는 이유는 치자꽃의 향기와 모양을 살리기 위함이다. 담복화전은 스님들의 고된 참선생활에 피로를 풀어주는 음식이었으리라~

※　치자꽃 칵테일

　　　세상에서 가장 향기로운 술은 치자꽃으로 담근 술이라고 한다. 어떤 사람은 칡꽃으로 담근 술이 가장 향기가 뛰어나다고 하였는데 … 우열을 가릴 수 없으니 치자꽃주와 칡꽃주를 일등주로 인정해야 할 것 같다. 치자꽃을 깨끗이 씻어서 술을 부어 두었다. 한 달쯤 지났는데 꽃의 형태가 없어져 치자꽃이 술과 잘 어우러지는 꽃이라는 생각이 든다. 여름, 가을, 겨울이 지나고 봄이 되어서 치자꽃주를 열어보았다. 세상에서 가장 향기로운 술이라는 말에 딱 맞는 술이 만들어졌다. 술을 마시기도 전에 치자꽃 향기에 취해서 정신을 잃을 것 같다. 맛을 보았다.

치자꽃에 부었던 술보다 도수가 더해진 것 같다. 모두들 술이 독하다고 한다. 치자꽃의 강한 방향성이 술의 도수가 올라간 것처럼 느껴지는 것 같다. 술이 독하기 때문에 칵테일이나 치자꽃 모히토가 만들어져도 잘 어울릴 것 같다.

* 치자꽃으로 만드는 준벅(June bug)은 초하의 싱그러움을 담은 칵테일이다. 치자꽃주는 연한 연둣빛이 살짝 돌아 준벅과 잘 어울린다. 치자꽃주 20ml, 파인애플주스 60ml, 멜론 리큐어 30ml, 크림 드 바나나(crème de bananes) 15ml, 레몬주스 30ml를 넣고 흔들면 6월의 벌레를 연상시키는 연초록을 담은 칵테일 준벅이 완성된다.

* 럼(Rum)주는 당밀이나 사탕수수즙을 발효시켜서 증류한 술로 뱃사람들의 술이라 하여 옛날부터 선원들이 애음하였다. 해적들이 등장하는 동화책에도 럼주가 많이 등장한다.

⑦

치자꽃의 전설

치자는 서양에서는 가드니아(Gardenia)라고 하는데 가드니아는 아름다운 소녀의 이름이다. 가드니아는 순결한 영혼을 가진 소녀로 순결의 상징인 흰색을 무척 좋아하였다. 흰 눈이 천지를 덮은 날 흰 꽃을 가득 안은 천사가 가드니아를 찾아와 당신이 내가 찾던 순결한 소녀라며 씨앗을 하나 주고 갔다. 소녀는 이 씨앗을 정성스럽게 키웠고 희고 아름다운 꽃을 피웠다. 꽃이 어찌나 향기롭고 아름다운지 사람들은 그 꽃이 가드니아가 소중하게 생각하는 순결한 영혼이 아닌가 생각하였다.

가드니아가 결혼할 나이가 되어 순결한 영혼을 가진 남자를 찾으려 하였으나 안타깝게도 세상에 그런 남자가 없었다. 절망하고 있던 가드니아 앞에 천사가 다시 나타나 아름답고 늠름한 청년으로 변하였고 소녀와 결혼을 하였다. 눈부실 정도로 흰 빛깔과 아름다운 향기를 가진 꽃을 '가드니아 꽃'이라고 부르기 시작했다.

137

원추리꽃은 붉다

원추리꽃은 붉다.
칠월, 마른장마 계속되더니
노란 각시 원추리 꽃대가
담장만큼 밀어 올렸다.
호랑나비 한 마리
꼬리를 하늘로 곧추 세워
연분홍빛 자맥질
또 자맥질한다.
부르르
온몸을 떠는 각시 원추리
속수무책이다.
생(生) 하나 눈뜨는 순간
곧 천둥소리에
장마 구름비 몰려오겠다.

– 정하선

제9장

○

원추리꽃

원추리꽃은 목을 길게 빼고 무리를 지어 피는 것이 예사롭지 않은 토종 야생화다. 봄철 춘곤증을 물리치는 원추리 나물이 여름이 되면 황금빛 원추리꽃으로 자란다는 것이 신기하였다. 냉이, 달래는 나물에 어울리는 소박한 꽃을 피우는데 원추리 나물과 원추리 꽃은 하늘과 땅만큼이나 달랐다.

원추리는 진한 노란빛 때문에 황화채, 노란 꽃술 때문에 금침채, 근심을 없애 준다 하여 망우초, 아들을 얻게 하여 준다고 의남초, 훤남화라고도 불리는데 아들이 없는 여인들이 꽃을 말려 향 주머니에 넣어 노리개와 함께 매달고 다녔다. 작은 야생화가 잔잔한 미소를 짓게 한다면 강렬한 색과 눈에 띄는 아름다움을 가진 원추리는 볼 때마다 매번 감탄사와 함께 함박웃음이 나온다.

원추리는 낮은 산자락의 여기저기 피어 있다고 한다. 여기저기라는 말에 어디쯤인지 말해 달라고 하자 잘 모르겠다는 말만 돌아온다. 일단, 원추리를 사진을 통해 익혀서 원추리를 빨리 알아보는 눈을 기르고 원추리를 찾아 나섰다. 원추리의 낯을 익히지 않았다면 원추리를 만나도 '나리'로 알았을 것이다. 시청각교육 탓인지 멀리서도 원추리를 한눈에 알아보고 달려간다. 정말 그랬다. 황금빛 원추리는 여기저기 피어 있었고 원추리를 보는 순간 모든 세상사가 다 잊혀진다.

* **원추리꽃의 약성**

원추리 꽃잎에는 베타카로틴이 풍부해 항산화 효과와 암세포 억제 효능이 있다. 잎과 줄기에서 추출한 성분들이 대장암 세포의 성장과 증식을 강력히 억제하고 패혈증 치료에 효능이 있는 것으로 확인됐다. 《동의보감》에서는 꽃망울을 따서 생절이를 만들어 먹으면 가슴이 답답한 것을 풀어주고 머리를 맑게 한다고 했다. 《본초강목》에서는 원추리의 꽃과 잎을 먹으면 황달이 낫고 소화가 잘되고 습열이 치료된다고 한다. 원추리꽃을 먹고 근심걱정 잊고 건강하게 살아보자!

황화채방 黃花菜方

〈정조지〉 권4 교여지류(咬茹之類), 황화채방(黃花菜方)

원추리꽃을 따다가 꽃술과 꽃받침을 제거한 다음 뜨거운 물에 살짝 데친 뒤 식초를 섞어 먹는 데친 꽃 초무침이 황화채이다. 원추리꽃에서는 자극적인 향이 나지 않고 가벼운 풀 향기 같은 꽃향이 나므로 음식의 식재로는 무난할 것 같다.

황금빛 원추리꽃을 뜨거운 물에 데치고 만져보니 깨끗하게 세수를 하고 물기를 닦아 낸 얼굴처럼 뽀득뽀득하다. 데친 꽃에서는 여전히 가벼운 꽃향과 풀 향이 섞여서 난다. 꽃잎이 두툼하고 색이 화려하여 난초처럼 자극적인 향이 날 것 같지만 데친 원추리꽃은 의외로 소박하다. 손으로 물기를 제거한 원추리꽃에 향긋한 사과식초를 넣어 조물거렸다. 뽀드득거리던 원추리가 부드러워지면서 상큼한 향을 풍기는 것이 낯설지가 않다.

꽃이 다른 음식의 부재료이거나 장식으로 익숙한지라 원추리꽃 자체를 나물처럼 먹는 황화채의 과감함에 놀란다. 막상 음식으로 완성시켜 보니, 식초가 원추리의 달큰한 맛을 살려주면서 식감을 부드럽게 해주어 신선하고 새콤한 장아찌를 먹는 것 같다. 황화채는 반찬으로도 좋지만 술안주로도 잘 어울릴 것 같다.

* 원추리꽃에는 세 개의 꽃받침이 있는데 꽃과 식감이 비슷하여 제거하지 않고 그냥 먹는 것이 음식의 모양과 건강을 위해서 좋다. 원추리꽃의 꽃받침은 따로 말려서 파는데 황화채(黃花菜)라고 한다.

재료 원추리꽃 35송이, 식초 1.5T

만드는 방법

원추리꽃이 한창일 때 꽃을 채취하여 꽃술을 제거한다.

원추리꽃을 식초 물에 잠시 담가 두었다가 물기를 제거하고 뜨거운 물에 원추리꽃을 넣고 물이 끓어오르면 건진다. 원추리꽃에 식초를 넣고 버무린다.

원추리꽃 고추장

재료 원추리꽃주 300ml, 찹쌀 1kg, 고춧가루 410g, 메줏가루 200g, 소금 310g, 원추리꿀 1컵, 설탕 1컵, 매실청 1컵, 육수 1컵, 양파즙 1/2컵, 액젓 1/5컵

만드는 방법

찹쌀을 깨끗이 씻어 하루저녁 불린다.

찰밥을 약간 질게 지어 둔다.

찰밥이 식으면 메줏가루를 넣고 잘 섞다가 고춧가루, 원추리꿀, 설탕, 매실청, 소금, 양파즙, 액젓, 표고와 다시마 우린 육수와 원추리꽃주 100ml를 넣어 준다.

고추장을 항아리에 넣고 이틀간 숙성시킨다.

남은 원추리꽃주 200ml를 넣고 밀봉하여 숙성시킨다.

* 원추리꽃주는 고추장이 삭는 것을 방해하기 때문에 이틀간 숙성시킨 뒤에 넣는 것이 좋다. 구멍떡이나 죽 형태로 고추장을 빚을 때에는 원추리꽃주를 한 번에 넣어 주어도 된다.

원추리꽃 보리수단

재료 원추리꿀 50ml, 원추리꽃잎 조금, 보리밥 30g, 녹말가루 50g, 끓여서 식힌 차가운 물 300ml

만드는 방법

보리는 깨끗이 문질러 씻어 두 시간을 불린 다음 삶아서 찬물에 헹궈 끈기를 없앤 뒤 체에 받쳐 물기를 빼 둔다.

보리에 녹말가루를 입히는데 덧가루는 털어내고 끓는 물에 2분 정도 삶아 건져서 얼음물이나 찬물에 담그는데 이 과정을 3~4회 되풀이한다.

원추리꿀물에 보리를 띄우고 원추리꿀 속의 원추리꽃 건지를 올린다.

원추리꽃 쌈밥

재료 원추리꽃 10송이, 밥 2공기, 호박잎 20장 **양념 고추장** 고추장 2T, 된장 1/5T, 간장 1T, 참기름 1/2T, 깨소금 1/2T, 파 1/2토막, 고추 1개, 마늘 1T, 설탕 1T, 소주 1/2T, 레몬즙 1/2T

만드는 방법

원추리는 수술을 제거하고 식초 물에 깨끗이 씻어 데친 다음 찬물에 흔들어 씻어 물기를 뺀 후 원추리에 식초를 쳐서 조물거려 둔다.

원추리꽃을 펴고 안에 밥을 담은 다음, 꽃 가장자리를 오므려 덮어서 둥근 형태로 만들고 밥 위에 양념 고추장을 올린다. 호박잎도 삶아서 물기를 꼭 짠 다음 원추리꽃과 같이 쌈밥을 만든다. 원추리 꽃밥과 호박잎밥을 같이 섞어서 접시에 담는다.

* 원추리꽃을 넣고 밥을 지은 다음 쌈밥을 만들면 원추리의 고운 빛과 영양을 더 얻을 수 있다.

원추리꽃 잡채

재료 원추리꽃 15송이, 돼지고기 250g, 느타리버섯 300g, 표고버섯 150g, 양파 2개, 당근 1개, 오이고추 5개

양념재료 간장 50ml, 참기름 20ml, 마늘 3톨, 깨소금 1T, 설탕 1.5T, 집간장 1/3T, 식초 1/4T, 소금

만드는 방법

돼지고기는 썰어서 간장 25ml를 넣고 참기름, 마늘로 밑간을 하여 10분 정도 두고, 느타리버섯, 표고버섯, 양파, 당근, 오이고추는 원추리꽃의 길이에 맞춰 길이로 썰어서 준비한다.

느타리버섯, 표고버섯을 간장 15ml, 참기름을 더하여 조물거린 다음 돼지고기와 합하여 달구어진 팬에 기름을 두르고 중강불에서 볶아 낸다. 당근에 소금 한 꼬집을 넣고 중불에서 볶아 내고 양파와 오이고추도 당근처럼 각각 볶아 둔다. 원추리꽃은 소금물에 살짝 데쳐서 찬물에 담갔다가 식초를 조금 친 다음 길이로 찢는다. 볶아 둔 재료를 합하여 프라이팬에서 살짝 볶아 참기름과 남은 간장, 소금으로 간을 맞추고 깨소금을 뿌린 다음 원추리꽃을 넣고 양념이 더해지도록 살짝 뒤적여 준다.

✳ 원추리꽃 고추장

작년 여름 큰 장마가 휩쓸고 간 다음 날 담근 원추리꽃주는 해가 지나도 고운 빛이 여전하다. 시장에는 아직 날이 추운데도 원추리나물이 한창이다. 곧 꽃도 피겠지… 들여다 보고만 있던 원추리꽃주로 어떤 음식을 만들까 궁리를 해본다. 원추리가 가을에도 마른 잎이 떨어지지 않고 겨울 동안 새싹이 자랄 때까지 싹을 덮어주는 모습이 아기를 보호하는 엄마와 같다 하여 '모애초'라고도 한다. 원추리꽃주의 약성과 모성을 담은 붉은 고추장을 담그기로 한다. 고추장을 담글 때 변질을 막기 위하여 소주를 넣기도 하는 것에 착안하였다.

원추리꽃주를 넉넉히 넣을 것을 감안하여 죽이 아닌 찹쌀밥으로 고추장을 담근 다음 밥이 삭도록 이틀을 시원한 곳에 두었다. 원추리꽃주로 농도를 맞추고 약간 쌉쏘름한 맛을 줄이기 위해 송화고가루를 넣어 고추장을 완성하였다. 원추리꽃주가 변질을 방지하므로 고추장의 간은 싱겁게 하였다. 붉은 고추장에 유독 깊고 진한 기운이 감돈다. 원추리꽃은 비빔밥에서도 매운탕에서도 초고추장에서도 피어날 것이다!

* 고추장을 담글 때에는 고춧가루, 소금, 설탕을 한 번에 넣지 말고 두세 차례에 걸쳐 나누어 넣는 것이 좋다. 고춧가루는 시간이 지나면 색이 진해지면서 염도와 당도에도 영향을 미쳐 전체 맛에 영향을 주기 때문이다.

* 원추리꽃주 만들기

만개하기 전의 원추리를 채취하여 꽃받침과 수술을 제거한 다음 식초를 섞은 물에 깨끗이 씻는다. 원추리꽃의 물기를 완전히 말린 다음 소독한 유리병에 원추리꽃을 넣고 적당량의 술을 붓는데 두세 달 뒤 꽃물이 우러나면 마실 수 있다. 말린 원추리꽃으로 술을 담가 먹으면 불면증과 결석에 좋다고 하니 정말 '망우초'라는 이름에 걸맞다.

✳ 원추리꽃 보리수단

원추리꽃 보리수단은 흔하게 먹던 노르스름한 보리수단에 노란 원추리꽃 꿀로 단맛을 내고 원추리꽃잎을 띄운 음료이다. 꿀은 자체로도 자연이 빚어낸 훌륭한 건강식품이지만 원추리꽃을 더해 몸값을 올린 다음 전통음식인 보리수단과 콜라보를 이루었다는 점에서 특별하다. 푹 삶은 보리에 하얀 녹말을 입혀 삶아내자 숨어있던 보리의 가로 중심선이 눈에 들어온다. 마치 투명옷을 입은 것 같은 보리의 때글때글한 모양새가 귀엽다. 달콤함에 섞인 작은 보리알이 입안에서 구슬처럼 돌다가 씹힌다.

추운 겨울을 이겨낸 보리의 인내와 원추리의 용기, 그리고 셀 수조차 없는 꿀벌의 날갯짓이 한 수저의 원추리꽃 보리수단에 담겨 있다고 생각하자 가슴이 뭉클해진다.

* 원추리꽃꿀

원추리꽃꿀을 만드는 방법은 간단하다. 만개하기 전의 원추리꽃을 채취하여 수술과 꽃받침을 제거한 뒤 식초를 섞은 물에 씻어 물기를 제거한 다음 꿀을 붓고 밀봉한다. 원추리꽃의 고운 빛을 살리기 위해서는 색이 진한 밤꿀이나 투명한 아카시아꿀보다는 원추리와 비슷한 색감의 옻나무꿀, 야생화꿀, 피나무꿀이 좋다.

❋ 원추리꽃 쌈밥

원추리꽃의 화려함과 모양, 그리고 황화채에서의 식감을 그대로 살리기에 꽃쌈밥이 안성맞춤일 것 같다. 데친 원추리는 많이 먹어도 해가 없기 때문에 쌈으로 듬뿍 먹어도 좋을 것 같다. 원추리꽃으로만 만든 쌈밥보다는 호박잎이나 양배추 쌈밥에 색을 맞추어 한두 개 들어가는 것이 원추리꽃 쌈밥을 귀하게 보이고 서로를 돋보이게 하는 역할을 한다. 팔팔 끓는 물에 원추리를 살짝 데친 다음 얼음물에 담가 놓았다가 상하는 것을 방지하기 위해 식초를 조금 넣어 조물거려 두었다. 고슬하게 지어진 밥을 데친 원추리 꽃잎을 벌려서 안에 담고 위에는 고추장 쌈장을 얹었다. 쌈은 복을 부르는 음식이며 원추리가 황금빛이라 금전을 상징하므로 '돈을 부르는 원추리꽃 쌈밥'이라고 한다면 사람들이 너도나도 좋아하며 먹을 것 같다. 꽃쌈이긴 하지만 마치 호박잎쌈을 먹는 것처럼 편안하다.

❋ 원추리꽃 잡채

데친 원추리꽃을 당면 대신 넣어 잡채를 만들었다. 원추리는 꽃이 세로결로 갈라지고 잎이 두꺼워 모양이 잘 유지된다. 잡채 속의 다른 채소와 잘 어우러지면서 존재감도 있어 자신의 모습을 잃지 않는다. 데친 원추리의 미끌거리는 식감은 당면을 대신하기에 좋다. 고기와 당근, 양파, 오이고추 등을 넣고 삶은 원추리에 살짝 식초를 넣은 다음 잡채를 만들었다. 색이면 색, 식감이면 식감, 맛이면 맛으로 꽃음식이 갖추어야 할 미덕을 원추리가 모두 갖추었다. 허균은《도문대작》에서 의주 사람들이 중국 사람에게 원추리꽃 음식을 배워서 맛있게 만든다고 하였는데 혹시 원추리꽃 잡채는 아닌지 모르겠다.

⑧

장미, 귤, 치자, 유자, 목련, 연꽃처럼 꽃잎이 두툼하고 향이 강한 꽃은 방향성이 뛰어나고 오일 성분이 있어 음식에 사용하면 향이 오래가고 모양이 오래 유지되는 장점이 있지만 시간이 지나면 바람과 채취 · 운반 · 세척 · 보관 과정에서 발생한 손상들이 꽃잎이 얇은 꽃에 비해서 두드러지기 때문에 술, 식초, 소금, 꿀에 절여서 향기와 색, 약성을 우려내어 음식에 사용하는 것이 좋다.

진달래, 매화, 사과, 복숭아, 살구, 봉선화 등은 꽃잎이 얇아서 잘 다치기 때문에 섬세하게 다루어야 한다. 싱싱함을 유지하는 시간이 짧아 빨리 시들기 때문에 긴 시간을 두고 먹어야 하는 음식에 올리는 것은 피하고 음식을 내기 직전에 꽃을 올린다. 특히 데치면 꽃의 형상이 심하게 오그라지기 때문에 단독으로 데쳐서 음식에 올리는 조리법은 피하는 것이 좋다. 즉석에서 먹는 파스타, 샐러드, 꽃쌈 등에는 생꽃을 넣거나 올리고 전병이나 꽃지짐, 화전처럼 밀가루나 쌀가루와 함께 어우러지는 음식에는 연약한 꽃이 곱게 표현된다.

부용화, 접시꽃, 달맞이꽃, 황촉규 등 채취하였을 때 꽃잎이 오므라지는 꽃들은 데친 뒤 음식에 올리거나 음식과 함께 익히거나 졸여서 색이나 약성을 얻고 소금이나 설탕에 절여서 꽃잎과 꽃물을 음식에 활용하는 것이 좋다.

원추리나 호박꽃처럼 꽃잎이 두툼하면서도 향기가 강하지 않은 꽃은 데쳐서 쌈으로 먹거나 꿀이나 소금에 절여서 얻은 즙을 된장, 고추장, 간장 등에 넣으면 장의 맛과 약성이 더해진다. 생꽃을 된장과 고추장에 넣어서 장아찌처럼 먹어도 좋다.

목련, 장미, 동백 등 꽃잎이 여러 겹으로 된 꽃은 튀김음식으로 적합하지 않으므로 주의하도록 한다. 겹꽃으로 튀김을 할 때는 반드시 꽃잎을 떼어내어 낱장으로 튀김을 한다. 튀김옷을 많이 바르면 꽃의 색이 보이지 않으므로 젓가락으로 튀김옷을 훑어내린 다음 높은 온도에서 짧게 튀겨낸다.

꽃의 특성에 맞는 다양한 조리법

데치기 꽃을 데칠 때에는 활짝 핀 꽃보다 봉오리가 지거나 반쯤 핀 것이 좋다. 만약 활짝 핀 꽃이라면 데쳐서 믹서기에 갈아 향기와 건지를 이용한다. 데칠 때에는 꽃물이 빠지지 않도록 고온에서 짧게 데쳐 주고 데친 다음에는 바로 얼음물에 넣어야 꽃 모양이 바로 잡히고 꽃색이 곱게 유지된다. 미나리꽃, 부추꽃처럼 두껍고 억센 꽃은 데친 다음 음식에 넣으면 좀 더 세련되어 보이는 효과가 있다.

튀기기 해바라기처럼 씨방이 두툼하고 크거나 목련처럼 꽃이 겹으로 피거나 꽃잎 자체가 두꺼운 꽃은 튀김으로 적합하지 않다. 아카시아꽃이나 등꽃, 깨꽃처럼 꽃이 서로 어긋나게 핀 총상 화서가 튀겼을 때 식감은 물론이고 보기에도 좋다.

찌기 꽃차를 만들 때 흔히 쓰는 방법으로 꽃에 있는 독성을 없애고 강한 향과 맛을 부드럽게 하고 알레르기 유발 인자를 줄여 주는 효과가 있다. 종 모양의 통꽃에 소를 넣고 찌는 꽃음식은 소를 미리 익혀서 넣으면 신선한 꽃의 향미를 살릴 수 있다.

볶기 꽃을 볶는 방법으로는 꽃차를 만들기 위해 덖는 방법과 음식에 더하기 위해 기름에 볶는 방법이 있다. 꽃을 덖어서 꽃차를 만들면 쪄서 꽃차를 만드는 것보다 향기가 강해진다.

볶음요리에 적합한 꽃은 작은 꽃보다는 꽃잎이 두껍고 호박꽃처럼 큰 꽃을 찢어서 넣는 것이 좋다.

절이기 소금이나 설탕에 절이는 방법은 어떤 꽃이나 무난하지만, 봉선화, 채송화, 달맞이꽃처럼 꽃잎이 얇은 꽃은 오래 절이면 꽃의 모양이 보전되지 않을 수 있다. 된장에 절이는 꽃은 머위꽃, 목련, 흰민들레처럼 꽃잎이 두툼하고 흰 꽃이 좋다. 된장에는 꽃과 잎을 같이 넣으면 나중에 식탁에 올릴 때 미적인 효과를 올리는 데 좋다.

찧기 꽃의 색을 얻기 위해서 찧는 방법을 쓰는데 색소가 공기와 접촉하면서 꽃잎의 색이 제대로 표현되지는 않지만 찧은 꽃물과 건지를 넣고 새알, 떡, 빵, 부침개 등을 만들면 음식의 질감이 느껴지는 효과가 있다. 장미처럼 잎이 두껍고 색이 강하며 오일 성분이 들어 있는 꽃에 권할 수 있는 방법이다.

지지기 꽃을 지지는 방법은 부재료와 함께 지지는 방법과 꽃을 단독으로 지지는 방법이 있다. 겹꽃이나 작은 꽃만을 지지는 것은 좋은 결과물이 나오지 않으므로 삼가고 치자나 부용화처럼 꽃이 크고 홑꽃은 모양을 살려서 지지면 먹기도 좋고 색다르다. 개나리, 보리지, 유채, 등꽃 등 꽃이 약하고 작은 꽃은 밀가루에 섞어서 부침개 형태로 지지는 것이 좋다.

끼얹기 음식에 꽃을 올린 다음 뜨거운 기름이나 물을 끼얹는 방법으로 음식에 꽃의 향을 빠르고 효율적으로 집어넣을 수 있는 방법이다. 기름이나 물로 자연스럽게 조리된 꽃은 향미가 더해져서 음식과 같이 곁들여 먹으면 좋다.

담그기 술, 식초, 오일에 꽃을 담그는 방법은 향과 약성, 색소를 우려내기에 좋은 방법이며 꽃의 종류에 구애받지 않는 장점이 있다. 술에 꽃을 절일 때에는 도수가 낮은 술은 상할 우려가 있고 도수가 높으면 약성과 색소가 빠르게 우러나지만 꽃잎의 형상을 유지하지 못하는 점이 단점이다. 오일에 꽃을 담글 때에는 반드시 말린 꽃을 사용하고 서늘한 곳에서 보관하며 가급적 빨리 사용하는 것이 좋다.

말리기 쪄서 말리는 방법, 삶아서 말리는 방법, 소금에 절여서 말리는 방법, 소금을 뿌려 찐 다음 말리는 방법, 찹쌀풀을 발라 말리는 방법, 햇볕에 말리는 방법, 그늘에 말리는 방법, 따뜻한 방안에서 말리는 방법, 바람이 통하지 않는 곳에서 말리는 방법 등이 있는데 모두 꽃을 오래 두고 먹기 위한 방법이다. 말린 꽃은 음식의 웃기로 사용하거나 생꽃처럼 술, 식초, 기름에 넣는다.

졸이기 꽃을 간장에 졸여서 찬으로 먹거나 두부, 생선 등의 식재와 함께 졸이면서 꽃의 색소를 취하는 방법이 있다. 간장에 졸이는 꽃은 흰색 계열의 꽃이 좋은데 꽃을 졸이기 전에 간장과 미림에 담가 간을 배게 한 다음 강중불에서 빠르게 졸이는 것이 좋다.

훈연하기 훈연은 음식에 풍미를 주어 식욕을 자아내고 식품의 보존성을 높인다. 훈연을 할 때 향기가 강한 제스민, 국화 등의 마른 꽃을 더해주면 간단한 조리법을 통해서 스모키한 꽃향이 담긴 꽃음식을 얻을 수 있다. 구운 음식을 선호하는 현대인에게 추천하고 싶은 꽃 조리법이다.

〈정조지〉의 꽃음식에 사용된 꽃은 꽃가게에서 흔히 보는 카네이션, 장미, 베고니아가 아니라 나리와 비슷한 원추리, 무궁화와 부용화처럼 알 듯 모를 듯한 꽃과 사람들의 입에 자주 오르내리는 매화, 유채꽃으로 만든 꽃음식이다. 국화도 안다고 생각했지만 산국, 감국, 구절초로 구분이 되므로 어찌 보면 〈정조지〉 꽃음식에 사용된 꽃들은 대부분 잘 모르는 꽃이라고 하는 편이 나을지도 모른다.

꽃을 사랑하지 않았던 적이 한순간도 없고 꽃이 베푸는 혜택과 은혜를 누리면서도 도대체 꽃에 대해서는 아는 것이 없다.

나태주 시인은 꽃의 이름을 아는 순간 이웃이 되고 색깔을 알면 친구가 되고 모양을 알게 되면 연인이 된다고 하였는데 쉿~ 이것은 비밀이라고 했다. 누구나 고운 꽃에 대해서 알기를 원하지만 자연과의 접촉이 줄어든 지금은 꽃에 대해서 잘 모른다. 꽃에 대해서 아는 방법은 여러 가지가 있겠지만 꽃음식을 만들어 먹는 것도 그중의 한 방법이다. 〈정조지〉의 꽃음식을 복원하면서 50여 가지의 꽃을 채취하고 손질하여 조리하고, 시식하는 과정에서 꽃의 이름, 모양, 색과 향기, 맛, 성질 등 다양한 면을 알게 된 것이 수확 중의 하나이다. 시인의 말처럼 꽃에 대해서 알게 되는 과정은 아무도 모르는 숲길을 걸어가면서 느끼는 은밀한 즐거움이 교차하는 시간이었고 꽃으로 인해 삶은 더욱 풍성해졌다.

장미

맘속 붉은 장미를 우지직끈 꺾어 보내 놓고
그날부터 내 안에선 번뇌가 자라다

늬 수정 같은 맘에
나
한 점 티 되어 무겁게 자리하면 어찌하랴

차라리 얼음같이 얼어버리련다
하늘 보며 나무 모양 우뚝 서 버리련다
아니
낙엽처럼 섧게 날아가버리련다
- 노천명

제10장

○

장미

매화, 진달래, 개나리, 벚꽃이 지고 감꽃이 필 무렵이면 싱그러운 5월이다. 5월을 계절의 여왕이라고 칭하는 이유는 5월이 장미를 품고 있기 때문이다. 동서고금을 통하여 장미만큼 긴 세월 동안 많은 사랑을 받은 꽃도, 다의적인 정서를 담고 있는 꽃도 없을 것이다. 사시사철 흔하게 장미를 보는 지금도 장미가 변함없이 귀하게 느껴지는 것은 장미가 가진 빼어난 아름다움과 향기 때문이다. 장미의 가시는 경계를 뜻하므로 장미로 상징되는 매혹적인 여자는 결국 빠져들어서는 안되는 여자다. 꽃마다 고유의 아름다움이 있긴 하지만 '채송화 같은 귀여운 여인', '나팔꽃 같은 즐거운 여자', '매화꽃 같은 고매한 여자'보다는 '장미꽃 같은 여자', '장미꽃을 닮았다' 라는 말을 듣고 싶어한다. 사람의 눈길을 사로잡지만 도도한 장미를 세상의 여자들은 닮고 싶어한다.

긴 세월 동안 유럽에서는 장미문양은 왕과 귀족만이 사용할 수 있었고 장미잎과 장미수, 장미유는 음식의 첨가제와 입욕제, 방향제로 사용하였기에 장미는 고귀함과 사치를 상징하는 꽃이었다. 장미 가시에 찔려 죽었다는 시인으로 인해 가시조차도 낭만적이었으니 사람들이 장미와 연관되기를 얼마나 원하였는지 알 수 있다. 사랑의 진정한 의미가 퇴색된 지금 장미의 꽃말인 '열렬한 사랑, 영원한 사랑'이 사람 사는 곳곳에서 활짝 피어났으면 좋겠다.

※ **장미의 효능**
장미에는 항산화 성분인 폴리페놀과 비타민 C가 풍부하게 함유되어 있어 혈관내의 노폐물을 빠르게 배출하고 피로회복과 심혈관계 질환에 좋다. 장미는 항균 작용으로 식중독을 예방하고 구강 건강에 유효하다. 장미의 항산화 성분은 피부의 주름을 예방하거나 감소시키며 콜라겐의 생성을 촉진하여 매끈하고 젊은 피부로 가꿔준다. 장미에는 여성호르몬인 에스트로겐 성분이 함유되어 있어 갱년기 증상을 완화시키고 생리불순에 좋다. 장미는 향을 맡는 것 자체로도 스트레스가 해소되고 신경이 안정되어 편안한 수면을 취할 수 있다.

향화숙수 香花熟水

〈정조지〉 권3 음청지류(飮淸之類), 향화숙수방(香花熟水方)

〈정조지〉에서 '향화숙수'라는 낭만이 물씬 묻어나는 단어를 보는 순간 괜스레 가슴이 설렌다. 향화숙수를 탕침향수(湯浸香水)로 사용하라고 하는데, 탕침향수에서도 그윽한 향기가 느껴져 엔돌핀이 절로 나온다. 〈정조지〉에는 밤송이숙수, 향나무숙수 등 다양한 숙수가 등장하지만 향화숙수에 비할 바는 아니다. 향화숙수를 만드는 꽃을 여름꽃이라 하였으므로 향화숙수에 가장 잘 어울릴 여름꽃을 정하는 즐거운 고민을 한다. 향화숙수 후보로 원추리, 찔레, 치자, 장미를 떠올리다가 향화숙수가 향기도 좋아야 하지만 고운 빛도 중요할 것 같아 두 조건을 충족하는 장미를 선택한다. 붉은 장미를 주장으로 노랑, 주황 장미를 조금 섞고 끓여서 한 김이 나간 유혈수(乳穴水)를 부어 하룻밤을 재웠다. 꽃잎을 독한 식초나 술에 담가서 꽃물을 우리는 방식보다 자연에 가까운 방식이라 마음도 편하다.

가슴이 아르르 떨릴 정도로 향기롭고 상큼한 장미 진분홍 향화숙수가 만들어졌다. 고운 빛이 빠져나간 빛 바랜 장미잎에서조차 나이가 든 여인의 원숙미가 느껴진다. 유리그릇에 향화숙수를 담아 두고 바라만 보아도 행복하다~ 누구나 쉽게 만들 수 있지만 어떤 장미음식도 따라올 수 없는 향기와 고움을 지닌 향화숙수야말로 가장 아름다운 장미음식이 아닐까 생각한다. 향화숙수의 맛은 장미 고유의 향 그대로다.

* 유혈수는 바위 틈에서 졸졸 흘러나오는 물로 달아보면 다른 물보다 무겁다. 맛은 달고 따뜻하며 독이 없다. 사람을 살찌게 하고 밥을 잘 먹게 하며 피부에 윤기가 나게 하는 것이 젖(乳)과 효능이 같다. 떠다가 밥을 짓고 술을 빚으면 크게 유익하다.

재료 장미 10송이, 끓여서 한 김 식힌 물 2리터

만드는 방법

식용 장미를 깨끗이 손질하여 식초를 넣은 물에 씻어 물기를 말린다.

맑은 물을 깨끗한 유리그릇에 담아 팔팔 끓이고 물기를 제거한 꽃을 항아리에 담는다.

한 김 식은 물을 항아리에 붓고 밀봉한 다음 다음날 아침 일찍 꽃을 제거하고 꽃향기가 나는 물을 쓴다.

향화숙수 에이드

재료 진한 향화숙수 100ml, 탄산수 100ml, 시럽 30ml, 꽃건지 조금, 라임 1/4개, 얼음 5조각, 오미자식초 1T, 꿀 1T, 레몬즙 2T

만드는 방법

컵에 시럽을 넣고 향화숙수를 조금 부은 다음 저어서 녹인다.

나머지 분량의 향화숙수를 붓고 탄산수를 넣어 살짝 저어준다.

꽃건지를 올리고 얼음을 넣은 다음 위에 라임을 올린다.

✳ 향화숙수 에이드

향화숙수 만드는 법을 이용하여 탕침향수를 만들어 두고 꿀, 식초, 미숫가루, 커피, 녹차 등을 더해서 다양한 음료를 만들 수 있지만 맛이 있어야 한다는 점에 중점을 두기로 한다. 한껏 아름다운 향화숙수가 널리 사랑을 받았으면 하는 마음에서다. 현대인들이 커피와 더불어 선호하는 여름철 음료가 '에이드'인 점에 착안하여 장미 향화숙수 에이드를 만든다. 오미자식초와 꿀, 레몬즙을 조금 더해서 여름철 갈증을 해소하고 살균, 강장 효과를 더했다. 오미자가 없다면 앵두, 석류, 백향과, 딸기 등을 넣어도 좋다. 얼음에 섞인 장미향화숙수는 얼음장 아래서 고운 연기꽃이 피어나는 것처럼 오묘하고 아름다워 눈길을 뗄 수 없다. 맛을 본 사람들이 모두 감탄을 한다. 무뚝뚝한 경상도 사나이도 "정말로 괜찮네!"라고 여러 번 감탄하는 것을 보면 정말로 괜찮은 것이다.

⑨

꽃
의

구
조

꽃의 아름다움과 향기에 대해서는 많이 이야기하지만 꽃의 구조에 대해서는 알려고 하지 않는 것 같다. 꽃은 종류에 따라 색상과 모양이 아주 다르지만, 보통 꽃잎, 꽃받침, 암술, 수술로 되어 있다.

꽃잎 잎이 변해서 된 것으로 암술과 수술을 보호하는 일을 한다. 색상이 대개 화려하고 향기를 내는 꽃의 기관으로 꽃잎이 모두 붙어 있는 것과 서로 떨어져 있는 것이 있다. 꽃잎은 다양하고 아름다운 색깔로 곤충을 끌어들인다.

꽃받침 악편으로 이루어진 꽃의 한 부분. 꽃의 아래쪽을 받치고 있고 대부분 녹색이다.

암술 꽃의 중심에 있으며 암술머리, 암술대, 씨방으로 구성되어 있는 꽃의 번식기관으로 대개 꽃의 한가운데에 한 개씩 있으며 굵거나 길다. 암술머리는 암술의 맨 꼭대기에 있는 부분으로 꽃가루를 받는 부분이다. 길쭉한 빨대처럼 생긴 암술대는 암술머리와 씨방을 연결하는 부분이다. 꽃의 아래쪽에 있는 씨방 속에는 장차 씨가 될 밑씨가 한 개 또는 여러 개가 들어 있는데 식물마다 그 수는 다르다.

수술 대개 암술의 둘레에 여러 개 있다. 수술은 꽃밥과 수술대로 이루어져 있다. 꽃밥에서는 수많은 꽃가루가 만들어지고, 긴 자루처럼 생긴 수술대는 꽃밥을 지탱하고 있다. 수술에서 만드는 꽃가루가 암술머리에 닿아야 씨를 만들 수 있다.

* 대부분의 꽃은 암술과 수술이 같이 있는데, 호박꽃처럼 암꽃, 수꽃이 따로 피는 것도 있고, 은행나무처럼 암꽃과 수꽃이 아예 다른 그루에 피는 식물도 있다.

부용화

고향집 마당을 들어서니
사람은 보이지 않고
활짝 핀 부용화가 나를 반긴다.

몇 해 전
선산으로 거처를 옮기신
어머니 대신
나를 반겨주는 부용꽃

봉숭아, 채송화, 도라지꽃
하나같이 어여쁜 꽃들 거느리고
생전의 어머니처럼
환하게 웃고 있다.

- 백승훈

제11장

○

부용화

부용화를 구하기보다는 직접 키워 마음껏 꽃음식을 만들 요량으로 부용화 씨를 사서 뿌렸다. 아무리 기다려도 발아를 하지 않아 찾아보니 부용화는 발아까지 오랜 시간이 걸리는 꽃이며 한해살이가 아니고 두해살이 꽃이라 싹을 낸 해는 꽃이 피지 않는다는 것이 아닌가? 꽃에 대한 무지의 소치로 발생한 일이다. 욕심을 접고 무궁화를 닮았지만 더 크고 화려하여 달덩이 같다는 부용화를 찾아 길을 떠난다. 부용화는 중국에서 온 꽃이다. 양귀비꽃과 더불어 아름다운 여인을 일컬어 부용화라고 하는데 사실은 부용화가 아니고 연꽃을 말한다. 연꽃을 한자어로 부용(芙蓉)이라고 하는 데서 부용화와 부용을 혼동하여 사용하게 되었다. 연꽃은 수부용, 부용화는 목부용이라고 하면 이런 혼란은 없을 것 같다.

우여곡절 끝에 부용화를 만났다. 흰색, 분홍색, 짙은 분홍색, 빨간빛의 부용화는 내가 상상한 모습 그대로 소담하고 화려하였다. 풀의 성질을 가진 떨기나무인 부용화는 무궁화처럼 피고 지기를 반복하여 관상용으로 인기가 높다.

부용화는 '매혹, 섬세한 아름다움, 정숙한 여인, 행운은 반드시 온다'는 꽃말을 가지고 있다.

＊ **부용화의 효능**

부용화는 은은한 향과 달콤한 감칠맛을 가지고 있다. 해열과 해독, 지혈 작용을 하고 각혈과 냉증을 풀어주는 데 좋으며 꽃을 이겨서 화상, 부종, 타박상 등의 부위에 붙이면 좋은 효과를 보인다. 부용화로 차를 만들어 오랫동안 복용하면 흰머리가 다시 검어질 정도로 몸에 좋다고 한다.

설하갱 雪霞羹

〈정조지〉 권4 교여지류(咬茹之類), 설하갱방(雪霞羹方)

데친 부용화를 두부와 같이 삶아 흰 두부에 붉은 부용화 물을 들이는, 쉽지만 어려운 꽃음식이다.

설하갱을 만들 때에는 화가가 되어 두부의 흰 기운과 부용화의 붉은 기운이 뒤섞여 눈이 그친 뒤의 노을빛을 그려내야 한다.

부용화는 짙은 다홍색, 다홍색, 연분홍색, 흰색이 있지만 설하갱을 만들기 위해서는 짙은 다홍색 부용화를 사용한다. 워낙 부용화의 색이 강렬하여 두부에 물이 잘 들 것 같지만, 눈이 그친 뒤의 저녁노을이 그려질지는 의문이다. 처음에는 부용화 세 송이를 넣었는데 두부에 붉은 기운이 들지 않는다. 부용화 두 송이를 더 넣자 비로소 두부에 붉은빛이 들기 시작한다. 부용화는 두부에게 붉은색을 내주며 점점 초라해진다. 남은 부용화 두 송이를 더 넣자 두부는 눈이 그친 뒤의 저녁노을처럼 불그스레하게 물들어 있다. 눈이 그친 뒤의 저녁노을을 삼키듯 설하갱을 먹어 본다. 두부에서 상큼한 풀 향이 난다. 설하갱은 한여름에 만들어 겨울 찬 하늘을 그리며 먹는 꽃음식이다.

재료 짙은 다홍색 부용화 7송이, 두부 1모

만드는 방법

부용화의 수술과 꽃받침을 제거하고 끓는 물에 데친다.

두부와 함께 데친 부용화를 삶는데 두부에 부용화의 고운 물이 들면 꺼낸다.

설하갱을 활용한 동파두부

재료 부용화 6송이, 두부 1모, 돼지고기 200g, 오징어 150g, 새우 150g, 관자 100g, 마늘 3톨, 생강 3톨, 간장 2T, 설탕 3t, 파 1/3개, 맑은 간장(백간장) 1T, 녹말가루 2t, 소금 1t, 후추 조금

만드는 방법

부용화 3송이를 거칠게 찢어서 망에 넣고 물에 흔들어 육수를 만들어 둔다.

먹기 좋은 크기로 썬 두부에 녹말가루를 뿌리고 두부보다 작고 얇게 썬 돼지고기를 붙인 다음 팬에 기름을 두르고 돼지고기가 붙은 쪽의 두부를 지진다.

팬에 오징어, 새우, 관자와 소금, 후추, 마늘, 생강, 파를 넣고 볶다가 맑은 간장과 설탕을 더해준 다음 지진 두부를 넣고 부용화 육수와 남은 부용화 3송이를 넣는다.

부용화 육수가 자작해질 때까지 졸여준다. 육수 속의 부용화는 두부 위에 얹어서 장식한다.

부용화전

재료 부용화 3송이, 밀가루 60g, 물 60g, 소금 1.5g, 식용유 2T

만드는 방법

수술을 정리한 부용화를 깨끗이 씻고 물에 소금을 잘 섞은 다음 밀가루를 넣어 섞는다.
부용화의 물기가 있는 꽃잎에 밀가루를 살살 뿌려 두고, 부용화가 타지 않도록 달구어진 팬에 기름을 두른다. 부용화를 팬에 올리고 중약불에서 앞뒤로 지진다.

169

부용화 삼겹살

재료 부용화 10송이, 삼겹살 600g, 소금, 참기름, 마늘

만드는 방법

긴 삼겹살에 꽃술을 제거하고 잘 씻어 둔 부용화를 올린다.

꽃잎이 없는 쪽을 먼저 굽다가 뒤집어 준다. 고기가 익으면 참기름장이나 마늘과 함께 먹는다.

✳ 설하갱을 활용한 동파두부

〈정조지〉에는 동파두부 만드는 방법으로 작은 비자를 술과 함께 갈아서 기름에 지진 두부와 함께 간장양념에 삶으라고 한다. 동파두부는 두부 위에 몇 가지 재료를 얹은 다음 지지는데 주로 돼지고기를 얹기 때문에 동파육이라고 부른다. 서유구 선생이 설하갱 조리법 다음에 동파두부를 언급한 뜻을 살려 부용화를 넣어 두부에 색을 입힌 꽃동파두부를 만든다. 두부에는 삼겹살을 올려서 지지고 해물과 함께 부용화를 넣어서 졸인 다음 부용화는 두부에 얹었다. 두부와 삼겹살, 해물, 꽃이 어우러진 아름다운 동파두부다. 부용화가 들어가서 해물과 두부에 싱그러운 향기가 감돌아 기름질 수 있는 동파두부가 담백하고 산뜻하다. 중국의 대시인 소동파가 만든 동파두부가 부용화를 얹고 천년의 세월을 이야기하고 싶은 듯 나를 바라본다.

✳ 부용화전

커다란 얼굴의 부용화를 데리고 돌아왔다. 옛날에는 부용화처럼 큰 얼굴의 여자를 복이 있는 얼굴이라고 했지만 지금은 조막만 한 얼굴을 선호한다. 밖에서 볼 때는 몰랐는데 크긴 큰 꽃이다. 부용화의 큰 얼굴을 시대에 뒤떨어지는 큰 얼굴이라고 가리지 않고 마음껏 들어내 부용화의 화려하고 우아한 아름다움을 알리고 싶었다. 있는 그대로의 큰 부용화를 제대로 펼쳐서 보여주자! 부용화에 밀가루를 바른 다음 꽃 모양을 그대로 살려 전을 부쳤다. 화려한 부용화가 조금은 해쓱해진다. 부용화전 한두 장이면 서너 사람이 충분히 먹을 수 있을 만큼 푸짐해서 얼굴만큼 넉넉한 부용화의 마음이 느껴진다. 부용화전을 꽃의 결대로 갈라서 맛을 보았다. 풀 향기 속에 수박향이 살짝 숨어 있다. 특별한 맛은 아니지만 큰 접시에 부용화전을 담아 다 같이 먹는 기쁨이 부용화전의 맛이 아닐까 싶다.

✳ 부용화 삼겹살

삼겹살을 건강하고 맛있게 먹기 위해서 다양한 염지 방법과 부재료가 동원된다. 삼겹살의 냄새를 제거하고 맛을 내기 위해서 된장, 와인, 강황, 녹차 등으로 염지하고 부추, 깻잎, 마늘, 양파, 고추 등과 함께 먹는데 최근에는 미나리가 합류하였다.

꽃이 함유한 다양한 영양소를 누리고 거부감 없이 꽃을 먹게 하는 방법으로 남녀노소 누구나 좋아하는 삼겹살과 함께 조리하는 것이 좋다. 삼겹살과 함께 굽는 꽃으로 부용화를 선택한 이유는 부용화가 꽃이 크기도 하지만 채취를 하면 금방 시들어 버려 음식에 더하여 꽃의 모양을 살리기가 어렵기 때문이다. 삼겹살에 부용화 꽃잎을 올리고 굽는데 기름 때문인지 꽃이 타지도 않고 삼겹살에 착 달라붙어 있어 기특하였다.

삼겹살이 다 구워질 즈음 부용화가 아름다운 모습을 잃기는 했지만 세월의 흔적이 새겨진 탁자를 보는 듯 멋스럽다. 삼겹살의 진한 풍미에 부용화가 뒤로 물러서기는 했지만 삼겹살이 가장 멋져 보이는 날이 바로 오늘이다.

⑩

꽃은 저마다 다른 색을 가지고 있는데 크게 빨강, 파랑, 노랑, 하얀색으로 대표된다. 꽃이 다른 색을 지니고 있는 이유는 꽃잎의 세포가 가지고 있는 색소의 종류가 다르기 때문이다. 색소는 크게 플라보노이드계와 카로티노이드계로 나뉜다.

플라보노이드계 색소는 꽃잎의 크림색에서 노란색을 나타내는 안정된 색소인 플라본과 빨강, 보라, 파란색을 나타내는 불안정한 색소인 안토시아닌계 색소로 나눌 수 있다. 이들 색소 물질은 액포라고 하는 세포기관에 녹아 있다. 안토시아닌은 세포의 수소 이온 농도(pH)에 따라 변하는 불안정한 무색의 색소이나 보조 색소가 섞이면 안정성과 강도가 증가하여 사람의 눈으로 볼 수 있는 색깔로 변한다. 예를 들어 무색인 플라보노이드에 보조 색소로서 금속 물질이나 배당체, 아세틸기, 메틸기 등의 혼합물을 만들거나 액포의 수소 이온 농도 수준을 달리하면 여러 가지 색으로 변한다.

특히 안토시아닌은 세포의 수소 이온 농도가 산성일 때 빨간색, 알칼리성일 때 파란색을, 중성일 때는 빨강과 파랑의 중간색을 나타낸다. 꽃잎의 안토시아닌은 생명 현상과는 관계가 없는 물질이며 꽃가루받이를 위해 곤충이 꽃을 식별할 수 있게 하는 신호 물질이다. 꽃가루받이가 끝나면 효소에 의해 분해되어 꽃색은 없어진다.

식물의 종에 따라 잎, 꽃잎, 과실 등에 들어 있는 카로티노이드는 색소체(색소를 나타내는 원형질)이기 때문에 수소 이온 농도와는 상관이 없으며, 식물의 종에 따라 노란색내지 오렌지색을 나타낸다.

흰색에서 색소를 추출하면 엷은 노란색 또는 무색투명한 플라본계인 경우가 많다. 꽃잎의 표피조직과 울타리조직은 색소층, 그 아래의 해면조직은 반사층이 되는데, 해면조직에 기포가 있으면 광선이 반사되어 흰색이 된다. 오렌지색이나 노란색은 잡색체에 들어 있는 광합성 보조 색소인 카로티노이드 또는 크산토필이며 수소 이온 농도에 반응하지 않는다.

그런 색소들이 어떻게 섞이며 햇빛 중 어떤 색의 빛을 흡수하고 반사하느냐에 따라, 빨강, 분홍, 노랑, 보라 등 다양한 꽃 색깔이 나타나고 토양의 산성, 염기성에 따라 꽃색이 변하기도 하는데 수국이 그 예이다. 수국은 재미있게도 자라는 흙의 성질에 따라 색깔이 변한다. 흙이 산성이면 수국의 꽃은 파란색이 강해지고 염기성이면 붉은색이 강해진다.

대부분의 식물은 곤충의 도움을 받아 수정을 해야 씨를 맺는다. 신기하게도 꽃의 종류에 따라 몰려드는 곤충의 종류가 다르다고 한다. 곤충은 꽃의 색깔과 향기에 따라 모두 다른 반응을 보이기 때문에 노란 꽃의 색깔에 반응하는 곤충은 빨간색이나 파란색 꽃은 거들떠보지도 않는다. 그래서 꽃은 수정을 도와줄 곤충이 좋아하는 색깔과 향기를 풍겨서 원하는 곤충을 유혹하는 것이라고 한다. 또한 곤충이 필요 없는 꽃은 향기가 없고, 색깔도 예쁘게 나지 않는다고 하니 정말 신기하다.

연꽃

내가 오직 연을 사랑하노니
진흙 속에서 났지만 물들지 않고,
맑은 물결에 씻겨도 요염하지 않으며,
줄기의 가운데는 통하며 밖은 곧고
덩굴 뻗지 않고 가지 치지 않으며
향기는 멀수록 더욱 맑으며
우뚝 깨끗이 서 있는 모습은
멀리서 바라볼 수 있으나
함부로 가지고 놀 수 없음이어라.
연꽃은 꽃 가운데 군자라 이르노라.

- 주돈이(북송시대의 학자)

제12장

○

연꽃

"연꽃의 수려한 풍모와 향기에 압도당하다."라는 말 이외에 더 이상 보탤 말이 없다. 꽃음식을 만들면서 연꽃의 얼굴을 제대로 들여다보았다. 연꽃의 색이 사람들 얼굴처럼 다 다르다. 첫눈에는 다 같은 분홍인 것 같지만 찬찬히 살펴보면 꽃의 크기와 겹에 따라, 일조량에 따라 다 다른 빛깔을 품어내고 있었다. 아찔할 정도로 아름답지만 다른 생각을 품을 겨를도 없이 연꽃송이마다 온화한 얼굴로 가부좌를 튼 라면머리의 부처가 앉아 있는 모습이 그려지며 속세의 환호와 경탄이 멈추어 버린다. 활짝 피어 이미 꽃잎을 몇 개 떨군 연꽃, 이제 막 벌어지고 있는 연꽃, 삐죽이 피어나고 있는 연꽃, 색도 다르지만 꽃의 개화 상태에 따라서 각기 다른 모습을 보여주는 연꽃이 마치 이런저런 고뇌에 시달리는 중생의 다양한 얼굴을 보는 듯하다. 우리가 살면서 갖는 고통이 어쩌면 연꽃처럼 아름다운 것일 수도 있다는 것을 부처를 안고 있는 각양각색의 연꽃을 보며 알았다. 연꽃의 향기는 잎에서 나는 풀 향기에 비해서 더 우아하고 그윽하다. 연은 모든 부분이 약재로 쓰이는데, 특히 연꽃은 바라만 보아도 심신이 안정된다. 그저 바라만 보아도 군자가 되는 꽃이 바로 연꽃이다.

❋ **연꽃의 효능**

성질이 따뜻하고 독이 없으며 마음을 진정시키고 몸을 가볍게 하고 얼굴빛을 아름답게 한다. 연꽃의 향을 마시면 신기하게도 연꽃을 먹은 것과 같은 효과가 있다.

연꽃 식초

〈정조지〉 권6 미료지류(味料之類), 연화초방(蓮花醋方)

연꽃을 넣은 밀가루 누룩을 만드는 것으로 연꽃 식초 만들기가 시작되었다. 꽃을 넣은 누룩, 그것도 연꽃을 넣어 누룩을 만든다는 사실만으로도 마음이 설렌다. 누룩을 바람이 잘 통하는 처마에 걸어 놓았다. 한 달여가 지나자 향기가 좋은 연꽃 누룩이 완성되었다. 식초를 장치한 항아리의 입구를 한지(韓紙) 일곱 장으로 봉한 뒤 일주일마다 한 장씩 벗겨내며 식초를 발효시킨다는 선인들의 지혜에 감탄한다. 종이가 두꺼울 때는 술 발효에 좋은 환경이 만들어지고, 종이가 얇아지면서 식초를 만드는 초산균들의 활동이 용이해지리라!

연꽃 식초에서는 달콤하고 향기로운 냄새가 진동하여 초대하지 않은 손님들이 항아리 주변으로 몰려 들어 떠나지를 않는다. 달콤한 향기가 진동하고 시큼한 식초의 향이 나지 않아 달콤한 술이 태어났다고 생각했다. 마지막 종이가 벗겨지고 식초일지 식초가 아닐지 판정되지 않은 노르스름한 향기로운 액체의 맛을 보았다. 아이고, 시어라! 달콤한 향기에 방심한 혀가 깜짝 놀란다. 향기롭지만 산미가 강한 연꽃 식초가 탄생하였다. 서유구 선생은 식초를 끓여서 사용하라고 하였는데 연꽃이 식초의 변질 위험을 높이기 때문이다. 식초를 끓이자 시큼한 냄새가 진동을 한다. 초산의 기운이 다 날아가는 것은 아닌가 걱정을 하였는데 신맛이 줄어든 부드러운 식초가 완성되었다.

재료 밀가루 1kg, 연꽃 3송이, 현미 10kg, 물 10L
도구 한지, 항아리

만드는 방법
밀가루에 연꽃 3송이를 넣고 반죽하다가 반죽의 농도에 따라 물을 첨가한다.
만들어진 누룩(누룩반죽)을 한지로 싸서 공기가 잘 통하는 곳에 한 달간 걸어 둔다.
누룩을 밤톨만 한 크기로 잘라서 볕에 말리고 현미 한 말을 하룻밤 물에 담갔다가 쪄서 물 한 말과 누룩을 더하여 술을 빚어 항아리에 담는다.
항아리를 종이 7겹으로 밀봉하는데 매 겹마다 1에서 7까지의 숫자를 적어두고 1주일마다 한 겹씩 종이를 벗긴다. 49일이 되면 종이가 다 벗겨지고 식초가 완성되는데, 달여서 여러 번 끓으면 사용한다.

연꽃 누룩

〈정조지〉 권6 미료지류(味料之類), 연화국방(蓮花麴方)

연꽃과 녹두가루, 밀가루, 찹쌀가루, 천초가루라는 환상적인 조합이 누룩을 만들기
도 전부터 누룩의 향취를 느끼게 한다. 녹두가루의 신비스러운 푸른빛과 연꽃에 더
해진 천초가 연꽃의 향기를 살리고 녹두의 비린내를 가시게 하여 상쾌하고 날아갈
듯한 연꽃 누룩이 만들어 질 것이다.

천초는 방부 작용이 뛰어나 누룩에 벌레가 꼬이는 것을 방지하고 술을 만든 뒤에도
향취와 향미를 살릴 뿐만 아니라 소화를 촉진하고 혈액순환을 도울 것이다. 녹두는
해독 작용이 뛰어나 술독을 신속하게 제거하므로 건강에도 좋다. 예언자라도 된 듯
연꽃 누룩을 만들었고 예언은 적중하여 연꽃 누룩은 향기롭고 상쾌하였다. 오래도
록 타오르는 여름날 저녁노을처럼 연꽃 누룩으로 빚은 술은 순하지만 톡 쏘는 향내
와 풍미를 남긴다.

재료 연꽃 30송이, 흰 밀가루 1kg, 녹두 400g, 찹쌀 400g, 천초 50g
도구 누룩틀
만드는 방법
연꽃은 찧어 두고 흰 밀가루, 녹두, 찹쌀, 천초는 가루 낸다.
연꽃을 한 번에 넣지 않고 뭉쳐질 정도로만 넣은 다음 반죽을 하면서 연꽃즙을 보충한다.
반죽은 누룩틀에 넣고 밟는다.
완성된 누룩은 종이에 싸서 바람이 잘 드는 곳에 걸어 둔다.

만전향주 滿殿香酒

〈정조지〉 권7 온배지류(醞醅之類), 만전향주방(滿殿香酒方)

밀가루에 연꽃즙, 참외즙과 방향성이 강한 약재를 더해 만든 누룩으로 빚은 귀하고 귀한 술이다. 반죽에 사용된 연꽃의 그윽한 향이 신선의 세계를, 참외의 달달한 향이 인간의 세계를 의미하는 것 같아 두 재료의 만남은 묘한 대조를 이룬다. 여기에 곽향, 정향, 목향, 백단, 백지의 상쾌한 향기와 백출과 감초의 단맛과 참외의 달콤한 향기 뒤로 살짝 숨은 연꽃 향기가 은근한 누룩이 완성되었다. 다른 누룩보다 유난히 가벼워서 짚풀 덩어리를 들고 있는 것 같다. 누룩을 잘게 잘라서 햇볕에 말린 다음 밥은 무르지만 질지 않도록 찐 멥쌀 고두밥에 넣어 치댔다. 누룩의 향기와 쌀의 구수한 향기가 합해지며 내는 범상치 않은 향기가 만전향주에 대한 기대감을 높이지만 여러 가지 색다른 술이라 걱정스럽기도 하다.

한더위가 가시기는 했지만 다른 해보다 더운 날씨가 마음에 걸려서 낮에는 술항아리를 물에 담가 두었다. 발효 중인 술의 향기가 기분 좋게 날아다닌다. 5일 만에 밑술의 발효가 끝나자 찹쌀죽을 쑤어서 식힌 다음 덧술을 하였다. 술의 양이 너무 적고 술이 상하는 것을 방지하기 위해 죽의 양을 두 배로 늘려 주었으나 용수에 고인 술의 양은 한 병이 채 되지 않는다.

만전향주는 기분 좋을 정도의 단맛과 부드럽지만 상쾌한 향이 살아 있어 누구나 좋아할 수밖에 없는 감동스러운 술이기는 하지만 술의 양이 허무할 정도로 적은 것이 문제. 가만 생각해보니 만전향주는 벌컥벌컥 들이마시는 술이 아니라 그저 입만 가볍게 축여야 하는 귀한 술이다.

누룩재료 흰 밀가루 4kg, 찹쌀가루 200g, 참외 5개, 연꽃 10송이, 축사 10g, 감초 10g, 곽향 10g, 정향 5g, 목향 5g, 백출 5g, 백단 5g, 백지 5g
밑술 재료 멥쌀 4kg, 만전향국 450g **덧술 재료** 묽은 찹쌀죽 2컵
누룩 만드는 방법
곽향, 백지, 목향, 백출, 백단, 백지, 감초, 축사를 곱게 갈아 둔 다음 참외는 씨를 빼고 연꽃은 꼭지를 제거하여 즙을 짠다. 찹쌀가루, 밀가루에 연꽃즙과 참외즙을 넣어 고루 섞고 밟아 납작한 조각을 만들어 종이주머니에 담아서 49일 동안 바람이 잘 통하는 곳에 걸어 둔다. 누룩이 완성되면 멥쌀로 고두밥을 쪄 식힌 다음 누룩을 골고루 섞어 항아리에 안친다. 술이 발효되면 묽은 찹쌀죽을 넣는다.

연엽양 蓮葉釀

〈정조지〉 권7 온배지류(醞醅之類), 연엽양방(蓮葉釀方)

곱게 가루 낸 흰쌀을 푹 쪄서 떡을 만든 다음 누룩 부스러기를 더하여 연잎에 싸서
연방죽에 걸어 두고 일주일이 지나면 먹을 수 있다고 하였다. 누룩이나 떡 안에는
연꽃이 직접 들어가지 않았지만 연꽃가에서 발효를 하며 연꽃의 향기를 담는 술이
다. 보르도산 와인, 핑크빛 로제와인, 수도사의 침묵으로 만드는 수도원의 맥주, 알
프스의 향을 담아낸 허브와인이 모두 연엽양에 무릎을 꿇는다. 눈에 보이는 빛깔
과 맛으로 승부하는 술이 아닌 향기로 마시는 연엽양이야말로 술의 미덕을 갖춘
아름다운 술이다.

〈정조지〉에는 쌀의 종류가 정해져 있지 않지만 연엽양이 '이화주'의 일종인 것 같아
찹쌀과 멥쌀을 섞어 만든다. 누룩떡을 연잎에 싸서 배를 타고 연방죽으로 들어가
막대를 박고 연꽃숲 한가운데 다섯 개를 걸어 두었다. 일주일 동안 다양한 날씨가
오고 갔다. 일주일 뒤, 선계에서나 맡을 수 있을 것 같은 향이 풍기는 연엽양을 만났
지만, 수분이 연잎에 맺혀 있을 뿐 마실 수 있는 상태는 아니다. 연엽양을 밑술로 하
여 연꽃과 연잎을 넣고 이화주를 빚었다.

재료 잘게 부순 누룩, 멥쌀가루 1kg, 찹쌀가루 500g, 이화곡 550g

만드는 방법
멥쌀가루를 푹 찐 다음 식혀서 잘게부순 누룩가루를 넣고 버무려 주먹 크기로 빚은 다음 연잎에 싸서 연꽃
옆에 7일 동안 매달아 둔다. 개봉하여 찐 찹쌀가루와 이화곡을 더해 단지에 둔다.

연꽃 약식

재료 연꽃 2송이, 연잎 3장, 찹쌀 2컵, 설탕 50g, 꿀 1/2컵, 소금 5g

만드는 방법

찹쌀은 30분 정도 불려서 고두밥으로 찐다.

찹쌀 고두밥에 연꽃, 설탕, 꿀, 소금을 넣고 버무린다.

연잎을 펼치고 찹쌀 고두밥을 잘 싸서 솥에 김이 오르면 찐다.

✳ 연꽃 약식

몸이 피곤하고 힘들 때 달고 향기로운 음식을 먹으면 피로와 짜증이 스르르 사라진다. 모든 꽃은 인간의 마음을 순화시키지만 특히 연꽃이 그렇다. 진흙 속에서 군자의 모습으로 핀 연을 보노라면 몸에 달고 다니던 일상의 짜증이 어디론가 사라진다.

연잎에 밥을 담아 찌는 연잎밥이 연을 활용한 대표적인 요리인데 이 연잎밥에 연꽃을 더하여 달보드레한 소금 연꽃 약식을 만들었다.

연꽃을 넣고 찹쌀이 퍼지지 않을 정도로 밥을 지어 설탕과 꿀, 소금으로 간을 한 다음 연잎으로 꽁꽁 싸서 찜통에 쪘다. 연꽃 향이 진한 달콤한 찹쌀밥이 완성되었다. 진분홍 연꽃을 사용해서인지 밥에 고운 물이 들었다. 눈과 코와 입이 즐거운 연꽃 약식을 먹고 세상을 열심히 살아가는 군자가 되어 보자.

연엽양을 빚기 위해 나무배를 타고 연방죽으로 들어갔다.
대나무 기둥을 박고 연잎 보자기에 싼 밑술을 매달았다.
연엽양은 연꽃의 향기를 취한 아름다운 술이다.

찔레꽃

닮은 듯 닮은 얼굴 누군가 그려 보니
흰 수건 동여매고 밭 매던 내 어머니
살며시 그 품에 안겨 밤새도록 우누나

엄마 품 그리워서 턱 괴고 바라보니
천사의 웃음으로 한없이 웃어 주신
찔레꽃 향기로 오신 보고 싶은 어머니

- 김경희

제13장

○

찔레꽃

찔레꽃은 장미와 닮았는데 야생의 찔레꽃을 개량한 것이 지금의 장미다. 그래서 찔레꽃을 장미꽃의 어머니라고 부른다. 자리를 가리지 않고 나기에 찔레꽃은 우리나라 전역에서 흔하게 볼 수 있는 꽃으로 빼어난 아름다움을 갖춘 꽃은 아니지만 보면 볼수록 질리지 않는 꽃이다.

"찔레꽃 필 때는 딸네 집에 안 간다."는 말이 있는데 찔레가 필 무렵이면 식량은 떨어지고 보리는 수확하지 않은 시기이기 때문이다. 딸에게 혹여나 피해를 주지 않을까 하는 조심스러운 마음과 길었던 배고픔의 역사가 느껴져 가슴이 뭉클해진다. 봄철 배고픔을 달래러 진달래를 먹던 아이들은 초여름이 되면 찔레꽃을 먹었다.

"엄마 일 가는 길에 하얀 찔레꽃, 찔레꽃 하얀 잎은 맛도 좋지…"

"하얀 꽃 찔레꽃… 찔레꽃 향기는 너무 슬퍼요. 그래서 울었지 목 놓아 울었지."

노랫말의 영향으로 찔레꽃은 우리에게 슬픔과 배고픔 그리고 한의 꽃으로 기억되고 있지만 찔레꽃을 꺾다 손이 가시에 찔리고는 한과 슬픔은 저만치 달아나 버린다. 초록 벌판에 하얀 등불을 켠 것 같은 향기로운 찔레꽃에서 슬픔보다는 화사함과 씩씩함이 느껴지는 것은 배고픔의 역사가 지워지고 있기 때문인지 내 정서가 무딘 탓인지 잘 모르겠다. 어쨌든 찔레꽃은 향기롭고 아름답다!

✳ **찔레꽃의 효능**

찔레꽃은 이뇨 작용과 강장 효과가 있으며 건망증과 불면증에 좋은 효능을 가지고 있다. 또한 모기에 의해 감염되는 말라리아(학질) 치료제로 사용되었다. 찔레꽃은 노화를 방지하고 피부를 재생시키는 효과가 있어 예전에는 찔레꽃을 담근 물로 세수를 하거나 목욕을 하였다.

술에 꽃향 들이는 법

〈정조지〉 권7 온배지류(醞醅之類), 화향입주법(花香入酒法)

〈정조지〉에 등장하는 꽃음식 중에는 꽃을 더하여 술을 빚는 방법이 가장 많다. 〈정조지〉의 꽃술로는 도화주, 송화주, 국화주, 연엽주, 만전향주가 있다. 만전향주는 누룩에 연꽃과 참외를 넣어 빚기 때문에 참외가 전반적으로 술의 맛을 주도한다. 도화주처럼 직접 꽃을 넣어서 빚는 술은 술의 향기와 약성이 살아 있기는 하지만 술 고유의 맛과 색깔이 변형되는 단점이 있어 복숭아꽃의 화사함을 담은 분홍술을 기대하면 실망을 한다. 물론 송화주나 도화주처럼 발효가 거의 끝난 술에 꽃을 넣는 방법이 효과적이기는 하지만 술에 담긴 꽃향기가 거칠기 마련이다.

술 고유의 향기와 맛, 빛깔을 해치지 않으면서 꽃주를 즐길 수 있는 방법이 바로 술에 꽃향을 들이는 법이다. 꽃의 고운 빛깔도, 뛰어난 약성도 원하지 않는다. 그저 그윽한 향기만을 취할 뿐이다.

감국의 향기를 취한 술은 뒤에서 소개하기로 하고 향기가 강한 찔레꽃으로 술에 향기를 입히기로 한다. 대체로 오뉴월에 핀 여름꽃이 향기가 강하면서도 좋다. 하얀 찔레꽃이 톱톱한 막걸리 색깔과 똑같다. 찔레꽃 향을 입은 술에서 새콤하고 달짝지근한 찔레꽃 향기가 쏟아져 나온다. 눈으로 볼 수 없는 향기를 술에 담아 마시니 음식은 코로 먹는다는 말이 맞는 말이다. 서유구 선생이 향기가 있는 일체의 꽃은 이 방법으로 하라고 하였으니 다음에는 향기가 강한 난초향을 술에 입혀 볼 것이다.

재료 찔레꽃 1kg, 막걸리 3L

만드는 방법

술을 항아리에 부은 다음 삼베 보자기에 싼 찔레꽃을 넣고 술의 표면에서 손가락 하나 길이로 떨어지게 매달아 둔다. 하룻밤 지난 다음 마신다.

찔레꽃 감자샐러드

재료 데친 찔레꽃 10g, 삶은 감자 2개, 당근 30g, 오이 1/2개, 콘 옥수수 15g, 마요네즈 2T, 홀그레인 머스타드 1/2T, 설탕 1T, 식초 2t, 소금 1t, 후추 조금

만드는 방법
당근과 오이는 얇게 썰어 준비한다. 삶은 감자와 콘 옥수수, 당근, 오이를 섞어 둔 다음 나머지 소스를 넣어 버무리고 데친 찔레꽃을 넣는다.

✳ 찔레꽃 감자샐러드

찔레꽃이 필 무렵이면 감자를 캐기 시작한다. 수수하고 무던한 것이 감자와 찔레가 괜스레 닮았다는 생각에 샐러드 주재료로 포근포근한 감자를 선택했다. 생 찔레꽃이 부드러운 감자의 맛을 해치는 것이 염려되어 끓는 물에 찔레꽃을 살짝 데친다. 씹히는 맛을 더하기 위해서 콘 옥수수와 아삭하고 상큼한 오이를 넣고 쉽게 구할 수 있는 마요네즈를 주 소스로 사용하고 매콤한 맛이 나는 홀그레인 머스타드를 조금 넣어 맛의 변화를 주었다. 어린 시절 많이 먹던 감자, 친근한 감자샐러드에 들어간 데친 찔레꽃이라는 파격을 다른 사람들은 어찌 받아들일지 걱정스러운 마음으로 샐러드 접시를 내놓는다. 찔레꽃이 들어갔다고 말을 하지 않았음에도 샐러드에서 꽃향기가 난다고 웅성거리더니 범인을 알아낸 탐정 마냥 의기양양한 모습으로 포크로 찔레꽃을 건져 든다. "요즘 꽃으로 만든 음식이 유행이에요."라는 아리송한 말을 남긴다. 잘 모르겠지만 괜찮은 평가가 아닐까? 아마 큰 거부감 없이 무난한 모양이다. 찔레꽃 향기가 솔솔 풍기는 감자샐러드~ 뭔가 있어 보이지 않나?

⑪

찔
레
꽃

전
설

찔레꽃이 노랫말로 인해 연약할 것 같지만 찔레꽃은 강한 번식력을 가지고 있어 한과 슬픔을 담은 꽃이라는 데에 이질감이 느껴진다.

찔레꽃이 한과 슬픔의 꽃이 된 이유는 고려시대로 거슬러 올라간다. 고려가 원나라에 굴복하여 조공을 바치게 되면서 찔레라는 착하고 아리따운 소녀가 원나라로 가게 된다. 찔레가 가게 된 집의 몽골인은 다행히 좋은 사람이라 찔레는 무탈하게 살게 되지만 가족이 그리워 그만 병이 들고 만다. 이를 불쌍히 여긴 주인은 하인을 고려에 보내 찔레의 가족을 찾게 하지만 찾지 못하고 돌아온다. 찔레가 직접 가족을 찾으려고 우여곡절 끝에 고려로 와서 전국을 떠돌며 가족의 이름을 목놓아 부르며 찾지만 끝내 찾지 못하게 된다. 크게 상심한 찔레는 자신을 가족과 이별하게 한 오랑캐의 나라로 돌아가는 대신 가족을 부르며 죽음을 택하게 된다. 가련한 찔레의 넋은 꽃이 되어 가족을 찾아 헤매던 골짜기마다, 들판마다 피게 되었고 찔레가 흘린 피눈물은 빨간 열매가 되었으며 애타게 부르던 가족의 이름은 은은한 향기가 되어 퍼지게 되었다.

참깨꽃

참깨꽃 보면 오래 묵은 범종 같다.
당목(撞木)으로 두드리면 부처님 말씀이 서 말 하고도
한 닷 되쯤은 쏟아질 것 같다.
저기 저 한 뙈기도 안 되는 비탈밭 가득 참깨꽃 피었다.
범종이 무릇 일만 송이는 된다.
쳐라, 바람아
부처님 설법을 깨알 같은 필체로 옮겨 적어
마침내 팔만대장경을 일구리라

- 문신

제14장

○

참깨꽃

오뉴월 염천에 하얀 눈이 내렸다. 해가 질 무렵 찾은 참깨밭은 살짝 내려진 어둠 속에서 흰 별이 되어 빛나고 있었다. 기다란 줄기를 따라 핀 하얀 눈에 야근을 하는 벌떼들이 윙윙거리며 모여 들어 마술사의 모자 같은 참깨꽃에 빨대를 꽂고 단맛을 담고 있다. 여왕벌이 야근수당을 지급하는지 늦게까지 일하는 벌들의 사연이 궁금하다. 밤꿀, 옻꿀, 싸리꿀은 있어도 참깨꿀은 없는데 벌들이 정말로 많이 몰려 들었다. 참깨꽃… 잊고 지내던 꽃이었다. 어린 시절 길을 오가며 보았던 기억이 떠오른다. 참깨꽃은 언뜻 보면 순백색이지만 자세히 들여다보면 오묘한 연분홍빛이 감돈다. 참기름과 깨소금으로 우리의 식탁을 풍요롭게 해주고 건강을 유지시켜주는 곡물인 참깨가 이렇게 아름다운 꽃을 가지고 있어서일까 참하고 아름다운 순백의 참깨꽃이 그저 고맙기만 하다.

* **참깨꽃의 효능**

호마화(胡麻花)라고도 불리는 참깨꽃은 머리가 빠지는 독발(秃髮), 대머리가 되는 독두(秃頭)를 방지하고 동상 치료에 좋은 효과를 보인다.

참깨꽃을 넣어 구운 고기

〈정조지〉 권5 할팽지류(割烹之類), 소육총법(燒肉總法)

〈정조지〉의 고기구이 총법에는 '참깨꽃을 가루로 만들어 고기를 구우면 기름이 흐르지 않는다'고 하였다. 고기의 기름을 흐르지 않게 하는 것이 맛있게 고기를 굽는 비법인 셈이다. 말린 참깨꽃은 흡습 작용이 있어 고기를 구울 때 나오는 기름과 수분을 빨아들여서 간직한다. 참깨꽃이 간직한 고기의 기름에 담겨진 풍미는 고기와 함께 자연스럽게 먹게 된다.

참깨꽃은 기름이 흐르지 않도록 하는 효과 이외에 고기의 연육 작용을 도와서 고기가 빨리 익도록 돕는다. 지금은 식용에 적합한 고기를 맞춤형으로 사육하지만 자연에서 방목된 동물이나 농사를 돕는 소 등은 운동량이 많아 질기기 때문에 고기의 지방이 매우 적고 질겼다. 적당한 지방은 고기의 풍미를 좋게 하기 때문에 고기를 구우면서 밖으로 빠져나가는 고기의 지방을 가두기 위한 기발한 발상이 참깨꽃가루를 고기에 바르고 굽는 조리법이었다.

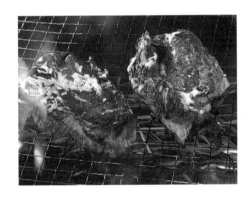

재료 말린 참깨꽃가루 15g, 소고기 채끝 300g, 소금 4g, 후추 2g, 청주 1T

만드는 방법
참깨꽃을 따서 씻은 다음 햇볕에 바삭해지도록 말린 후 가루 낸 참깨꽃가루를 소금과 후추, 청주에 재워둔 고기 위에 올려 굽는다.

참깨꽃주를 넣은 완자

재료 말린 참깨꽃 35송이, 참깨꽃주 30ml, 꾸리살 300g, 흰 양송이 5개, 갈색 양송이 5개, 간장 30ml, 마늘 1T, 후춧가루 1/3T, 참기름 30ml, 매실청 10ml, 깨소금 1/2T, 다진 파 3T

만드는 방법

꾸리살은 가늘게 썰어서 곱게 다져 두고 양송이버섯은 기둥을 떼낸 다음 부서지지 않도록 작은 수저로 속을 파낸다.

참깨꽃주, 말린 참깨꽃, 간장, 마늘, 참기름, 깨소금, 후춧가루, 다진 파, 매실청을 넣은 양념을 다진 고기에 넣고 주물러 두었다가 파낸 양송이버섯 안에 고기를 채운다. 달군 팬에 기름을 두르고 양송이 고기완자를 중약불에서 굽는다. 참깨꽃주 소스를 뿌려서 먹는다.

✳ 참깨꽃주를 넣은 완자

옛사람들은 참깨꽃으로 기름을 거둬 들여 맛있는 고기의 풍미를 즐겼다면 고기의 지방을 조금이라도 적게 먹으려고 하는 현대인들은 참깨꽃의 발모 촉진과 탈모 방지라는 효능에 더 관심을 가져야 할 것이다. 다양한 음식에 참깨꽃을 활용하기 위해 참깨꽃주를 담가 두었다. 설탕이나 식초에 절여 두는 것보다는 술에 담그는 것이 고기의 염지에 효과적이다.

기름기가 없는 꾸리살을 곱게 다져서 참깨꽃주를 넣고 양념을 하였다. 참깨꽃주는 약간 단맛이 돌고 별다른 향이 없어서인지 완자의 맛과 향에 거의 영향을 주지 않는다. 참깨꽃의 연육 작용 효과를 실험해 보기 위해서 참깨꽃주를 넣은 완자와 넣지 않은 완자를 만들었는데 참깨꽃주를 넣은 완자가 더 부드럽다. 일단, 연육 작용만으로도 충분히 만족스럽다. 기둥을 떼내고 속을 파낸 양송이버섯을 그릇 삼아 양념된 고기를 담았다. 고기를 담은 양송이버섯은 기름을 두른 팬에 앞뒤로 지져서 완성하였다. 아하! 이 고기완자에는 참깨꽃과 참기름, 깨소금이 들어갔으니 참깨완자라고 하는 것이 옳겠다. 건강에 좋은 참기름과 깨소금은 누구나 즐겨 쓰는 없어서는 안되는 양념이지만 이제 참깨꽃까지 더해져 자신들의 존재감을 과시한다. 무엇보다 참깨꽃은 발모를 촉진한다는 사실을 기억하자!

참깨꽃주 소스 만들기
참깨꽃주 1/3컵, 오렌지주스 1/3컵, 오렌지잼 1/4컵, 진간장 1/3컵, 우스터소스 1/4컵, 설탕 1/4컵, 사과식초 1/4컵을 넣고 뭉근한 불에 끓이면서 졸인다. 오렌지잼이 없으면 유자청을 이용해도 좋다.

화려한 색깔에다 고유의 은은한 향기를 뿜는 꽃에는 비타민, 아미노산, 미네랄 등 다양한 영양소가 함유돼 있다. 특히 꽃 색소에는 항산화 성분인 폴리페놀과 플라보노이드 함량이 채소나 과일보다 10배 이상 많이 들어 있다. 꽃마다 들어 있는 영양소가 다르기 때문에 꽃도 골고루 먹는 것이 좋다. 꽃에는 일반적으로 다음과 같은 영양소들이 함유되어 있다.

탄수화물 꽃이 가장 많이 함유하고 있는 영양소는 탄수화물로 당류, 당질이라고도 부른다. 녹색식물은 광합성을 통하여 글루코스(포도당)를 합성하고 녹말로 전환하여 저장한다. 탄수화물은 가장 경제적인 에너지원으로 우리가 활동하는 데 필요한 에너지원의 절반을 차지하며 근육성장에 도움을 주고 탄수화물에 함유된 식이섬유는 장 기능을 촉진시킨다.

단백질과 아미노산 단백질은 21종의 아미노산으로 구성되어 있다. 꽃에는 우리 몸에서 합성되지 않는 필수아미노산이 골고루 들어 있어 탄탄한 근육과 피부, 고운 머릿결을 유지하게 한다.

비타민 식용 꽃은 13종의 다양한 비타민을 함유하고 있는데 꽃이 가장 많이 함유하고 있는 비타민 C는 수용성이며, 콜라겐(collagen) 합성, 항산화제 역할, 철분 흡수, 주요 세포구성물 합성, 면역 작용, 카르니틴(carnitine) 합성을 하고 비타민 A는 지용성으로 시력을 유지시키고 신체의 저항력을 강화시키며 노화를 막아준다.

미네랄 탄소, 수소, 산소, 질소를 제외한 나머지 원소를 미네랄이라고 하는데 우리 인체를 구성하는 중요한 영양소이다. 미네랄에는 마그네슘, 철, 구리, 아연, 코발트 등이 있다. 꽃에는 다양한 미네랄이 있어 인체 기관의 원활한 작동과 효소 분해, 암 발생 억제에 도움을 준다.

항산화 성분 꽃에는 폴리페놀(polyphenol)류와 플라보노이드(flavonoid) 등의 항산화 성분이 다량 함유되어 있는데 장미 등 붉은 꽃에 폴리페놀 함량이 높고, 플라보노이드는 비올라, 팬지 등에 많다. 폴리페놀은 콜레스테롤이 소화관으로 흡수되는 것을 막아 혈중 지질 수치를 낮춰준다.

면역력 장에는 우리 몸의 70%에 해당하는 면역세포가 있다. 면역력을 높이는 가장 좋은 방법은 신선한 채소와 과일을 많이 섭취하여 장을 건강하게 하는 것이다. 다양한 색소와 식이섬유가 풍부한 꽃을 섭취하는 것은 면역력을 강화시키는 데 큰 도움을 준다

식용 꽃의 칼로리

꽃이 구황 식품이었고 진달래, 찔레꽃 등으로 배고픔을 대신했다면 꽃의 칼로리가 궁금해지는 것은 당연하다. 꽃마다 다르지만 탄수화물과 지방으로 구성된 국화꽃은 100g당 약 23kcal, 지방은 없지만 탄수화물과 단백질을 함유한 진달래꽃은 약 26kcal, 탄수화물·단백질·지방·나트륨을 골고루 갖추고 있는 원추리꽃은 31kcal, 탄수화물과 나트륨 함량이 높고 단백질을 함유한 치자꽃은 66kcal이다.

가지꽃

여름 찬은 별거 없으니
가지나물이나 맛있게 무쳐라
갑작스럽게 온 귀한 손님
빌러 온 사람처럼 서성이는 엄마에게
할머니가 중대 발표를 하듯 하신다.
여름내 가지를 먹었는데
가지가 없었으면
가지가 없었다면
돼지고기라도 한 근 끊어오라고 했을지도 몰라
입맛을 다시며 가지를 따는데
보랏빛 가지꽃이 빤히 바라본다.
너는 또 가지를 매달고
나는 언제까지 가지를 먹어야 하나
한숨이 나는데
초롱이 같은 가지꽃이 속삭인다.
쉼 없이 살았던 인생은
결코 헛된 것이 아니었다고.

– 곽미경

211

제15장

○

가지꽃

가지꽃은 믿음직하고 정직한 꽃이다. 토마토, 가지, 고추, 오이, 호박 등은 시골에서 여름철에 가장 흔하게 볼 수 있는 채소들이다. 빨간 토마토는 노란 꽃을, 푸른 고추나 오이·호박도 모두 노란 꽃을 가지고 있고, 노르스름한 참깨는 말도 안되게 순백의 꽃을 가지고 있지만 보라색 가지는 보라색 꽃을 가지고 있다.

보라색 가지꽃에는 보라색 가지가 열린다. 이 당연함이 좋아 관심을 갖게 된 가지꽃은 섬세하면서도 단단하여 여름의 땡볕 속에서도 단아함을 잃지 않는다.

가뭄이 계속되어 꽃들이 고개를 떨구고 있어도 가지꽃만은 당당하다. 고지식한 가지꽃은 서리를 맞고도 단단한 작은 가지를 매달고 있다. 꽃이 피는 대로 열매도 맺는 가지꽃의 꽃말은 '진실'이다.

* **가지꽃의 효능**

가지꽃은 가화(茄花)라고 하는데 달고 찬 성질이 있어 옛날에는 옹저(癰疽)나 부은 상처를 가라앉히는 데 많이 사용되었다. 가지꽃에는 안토시아닌 색소가 풍부해 노화의 주범인 활성산소를 제거하는 항산화제 역할을 한다. 혈압을 낮추고 장의 불순물을 제거하는 가지는 나이가 들수록 많이 먹어야 하는데 가지꽃도 같이 곁들이면 좋다. 가지꽃은 가열을 하여도 색이 변하지 않는다.

213

가지꽃을 넣어 삶은 고기
〈정조지〉 권5 할팽지류(割烹之類), 자육총법(煮肉總法)

참깨꽃과 가지꽃은 음식의 주재료가 아니고 고기의 불순물을 빨아들이고 연육을
돕는 양념으로 사용되었다. 〈정조지〉에서는 '살찐 고기를 삶을 때' 라고 하여 고기의
상태를 특정하였는데 살찐 고기란 지방이 없는 퍽퍽하고 질긴 고기를 말한다. 곡물
로 죽을 쑤어서 후추, 천초, 간장 등을 더한 다음 가지꽃과 참깨꽃 찧은 것을 넣고 고
기에 바른다. 고기는 불에 구워 말리는데 훈증법이 녀해지는 것이 특색이다. 보관하
였다가 노구솥에 삶아 먹으라고 한 것을 보면 천렵 등에서 먹는, 지금의 캠핑 음식이
었던 것 같다. 참깨꽃과 가지꽃의 연육 작용을 알고자 고기는 앞다리살을 사용하였
는데 참깨꽃과 가지꽃을 사용하지 않은 고기에 비해 확실히 더 부드럽다. 물에 삶았
더니 훈제향이 사라진 것이 조금 아쉽다. 가지꽃과 참깨꽃을 넣어 삶은 고기는 부드
러움도 중요하지만 냉장고가 없던 시절에 고기를 포로 말려 간편하게 보관하였다가
수육으로 되살려 먹는 선인들의 지혜가 감탄스럽다.

재료 참깨꽃 10송이, 가지꽃 5송이, 소고기 앞다리살 200g, 찹쌀풀 20ml, 집간장 7ml, 산초가루·후춧가루
조금

만드는 방법
찹쌀풀에 집간장과 산초가루·후춧가루를 더한다. 가지꽃과 참깨꽃을 찧어 찹쌀풀에 모두 섞어준다.
면보로 고기의 핏기를 닦아내고 찹쌀풀을 앞뒤로 발라준다.
두꺼운 솥에 불이 붙은 숯을 넣고 석쇠를 올린 다음 고기를 올리고 뚜껑을 닫아 훈연시킨다.
훈연이 된 고기는 햇볕에 말려서 포를 만들고 종이봉투에 담아서 보관하였다가 꺼내서 물에 삶아 먹는다.

가지꽃을 넣은 연근 해초 피클

재료 가지꽃 10송이, 연근 220g, 당근 50g, 해초 50g, 설탕 1T, 다시마 간장 2T, 물 110ml, 식초 2.5T

만드는 방법
가지꽃은 깨끗이 씻고 연근과 당근은 썰어 둔다.
물에 불린 해초는 물기를 제거하고 잘게 썰어 가지꽃, 연근, 당근과 가볍게 섞는다.
다시마 간장에 물, 식초, 설탕을 넣고 끓여서 연근에 붓는다.

✳ 가지꽃을 넣은 연근 해초 피클

정직한 보랏빛이 예쁜 가지꽃으로 만들 꽃음식을 고민하다가 건강에 좋은 음식으로 결론을 내린다. 처음에는 가지탕수육 속에 튀긴 가지꽃을 넣었다가 조금은 더 건강할 것 같은 연근 해초 피클에 가지꽃을 더한다. 보통 피클은 고운 색을 살리기 위해 소금으로 간을 하지만 건강음식에 맞게 다시마 간장을 사용한다. 가지꽃의 고운 빛을 살려내지 못해 가지꽃에게 미안한 마음이 든다. 연근, 해초, 당근, 다시마 간장 등 모든 건강 식재료에 안토시아닌이 풍부한 가지꽃까지 더해진다. 뜨거운 간장 물에 숙성된 피클은 예상대로 예쁘지 않지만 짭조름한 것이 밥반찬으로도 손색이 없다.

예쁜 꽃음식은 포기했지만 건강한 꽃음식이 되었으니 이 또한 꽃의 미덕을 취한 것이다. 서유구 선생의 꽃음식으로부터 꽃의 고운 모습을 살리는 것은 꽃음식의 진정한 의미를 살리는 것이 아니라는 것을 배웠기 때문이다.

부추꽃

나에게는 그냥 채소였지만
부추도 꽃을 피운다.

희고 노란 작은 별처럼
앙증맞은 꽃을 피운다.

한 달이 지나도 여전히 아리따운 그 꽃을
화초로 대하지 않았듯이

나는 얼마나 많은 사람과 세상의 아름다움과 소중함을
그저 스쳐 지나기만 했을까?

- 송무석

제16장

○

부추꽃

부추가 꽃이 있어요? 서유구 선생께 또 우문을 던진다. 반 세기 이상을 살면서 무엇을 보고 살았는지 한심스럽다. 나의 자책에 "부추 꽃대가 올라오기 시작하면 부추가 억세지기 때문에 부추꽃이 피기 전에 부추를 다 베어버려 부추꽃은 게으른 농부의 밭이나 부추꽃의 아름다움을 아는 사람이 감상용으로 남겨 두지 않으면 의외로 보기 어려운 꽃"이라고 부추밭 주인이 위로를 한다.

가끔 재래시장에서 산 한물간 억센 부추에 작은 떨기 같은 흰 부추꽃이 한두 송이 매달려 있던 기억이 떠오른다

부추꽃이 하얗게 핀 부추밭은 소금을 뿌려 놓은 듯 고운 햇살을 받고 반짝이는 강변의 작은 흰 조약돌처럼 빛이 난다. 순박한 부추꽃은 다른 꽃과의 조화가 뛰어나 부케꽃으로 좋다고 한다. 부추꽃밭에서 부추꽃을 들고 결혼식을 올려도 손색이 없을 것 같다. 부추꽃에서도 부추와 똑같은 향이 풍겨져 나온다. 제대로 모습을 갖춘 부추꽃을 보는 순간 식재로서의 뛰어난 가치가 한눈에 들어온다. 꽃과 향기가 식용 꽃과 허브를 동시에 겸용할 수 있어 좋을 것 같다. 〈정조지〉 복원을 위해 일부러 부추꽃을 남겨 주신 부추농장 주인께 부추꽃이 가진 허브로서의 가치에 대해서 알려드린다. "옛날 책에 대단한 정보가 있네요. 버리는 부추꽃이 그런 가치가 있다니…. 부추꽃을 팔 수 있으면 얼마나 좋을까요?" 얼른 돌아가 부추꽃으로 다양한 음식을 만들어야 한다는 사명감에 마음이 급해진다.

✻ 부추꽃의 효능

부추꽃은 허약한 체질을 개선시켜 주고 체온을 올려 혈액순환을 촉진시킨다. 베타카로틴과 비타민이 풍부해 노화의 원인인 활성산소를 제거하고 세포의 파괴를 막아주며 독소를 해독시켜 간 기능 강화에도 도움을 준다. 부추꽃을 차나 식초로 만들어 장복하면 허리가 튼튼해지고 숙면에 도움이 된다.

부추꽃 소금에 절이는 법 1

〈정조지〉 권4 교여지류(咬茹之類), 엄염구방(醃鹽韭方)-엄구화법(醃韭花法)

엄구화법은 반쯤 핀 부추꽃으로 만드는데 반드시 이슬이 내리기 전 한밤중에 거두어 들인 부추꽃을 사용해야 한다. 열이 많은 채소인 부추에 양의 기운이 더해지는 것을 막기 위함이다. 활짝 핀 부추꽃은 조리과정에서 꽃봉오리가 흩어져 볼품도 없지만 꽃대가 질겨 식감이 떨어진다. 가시를 뗀 가시나무와 소금에 절여 항아리 안에 담아 두었다가 먹는다고 하였는데 가시나무는 가시가 달린 나무의 일반적인 총칭으로 가시오갈피, 엄나무, 호랑가시나무, 쥐엄나무 등이 있다. 가시를 뗀 가시나무를 넣으라고 한 것을 보면 가시나무의 줄기를 넣는 것으로 생각된다. 가시나무는 다양한 효능을 가지고 있다. 〈정조지〉에는 구체적으로 어떤 종류의 가시나무라고 정해져 있지 않아 부추꽃과의 어울림과 부추꽃의 단점을 보완하는지 여부에 대해서 알 수 없는 점이 아쉽다.

재료 반쯤 핀 부추꽃 300g, 가시나무 170g, 소금 55g

만드는 방법
반쯤 핀 부추꽃을 채취한다.
가시를 뗀 가시나무와 소금을 빻아 부추꽃과 함께 절여서 항아리에 보관하고 먹는다.

부추꽃 소금에 절이는 법 2

〈정조지〉 권4 교여지류(咬茹之類), 엄염구방(醃鹽韭方)-엄구화법(醃韭花法)

소금에 절인 노각과 토란대를 말린 다음 부추꽃과 함께 절이는 음식이다. 특별한 것이 있다면 항아리 바닥에 엽전을 두고 부추꽃을 넣으면 묘하다고 하였는데 맛이 묘한지 부추꽃의 색이 묘한지는 설명이 되어 있지 않다. 엄구화법 1이 부추꽃 중심이라면 엄구화법 2는 다른 식재의 도움을 받아서 만드는 부추꽃 음식이다. 말린 토란과 노각은 오돌오돌거리고 맛이 좋아서 그 자체로도 좋다. 반건조된 토란대와 노각에 적당한 길이로 자른 싱싱한 부추꽃을 합하자 가을의 정취가 듬뿍 느껴지는 꽃음식이 만들어졌다. 엽전은 구리로 만들어지는데 구리에는 식물에 들어 있는 엽록소인 클로로필이 들어 있어 녹색을 안정시키는 역할을 한다. 클로로필은 신체의 해독 작용을 돕고 탈취 작용을 한다.

* 클로로필(엽록소)은 식물의 녹색 색소로 광합성이 일어나게 한다. 클로로필은 여러 유형이 있는데 클로로필 a 는 청록색이며 식물의 주요 색소로서 광합성에 있어서 산소를 방출하고, 클로로필 b는 황록색이며, 클로로필 c는 해조류에 존재하고, 클로로필 d는 홍조류에 존재한다.

재료 반쯤 핀 부추꽃 250g, 토란줄기 3개, 노각 2개, 소금 120g, 엽전 3~4개

만드는 방법

토란은 껍질을 벗겨서 4~5cm 길이로 자르고 노각은 먹기 좋은 크기로 자른다.

토란과 노각을 소금에 절여서 물기가 나오면 물기를 제거하여 사흘간 햇볕에 말린다. 부추꽃은 깨끗이 씻어서 4~5cm 길이로 잘라 물기를 뺀 다음 말린 토란과 노각에 부추꽃을 넣고 골고루 섞는다.

항아리 바닥에 깨끗이 씻은 동전 서너 개를 두고 말린 토란과 노각을 섞은 부추꽃을 담는다.

부추꽃 볶음

재료 반쯤 핀 부추꽃 200g, 돼지고기 200g, 고추기름 2T, 고추 3개, 양파 1개, 마늘 5개, 생강 1쪽, 간장 20ml, 두반장 1T, 맛술 1T, 후춧가루 조금, 설탕 1T, 참기름 1T, 소금 1T

만드는 방법

잡채용 크기로 썰은 돼지고기에 간장, 맛술, 마늘, 생강, 후춧가루를 넣고 밑간을 해 둔다.

끓는 물에 소금을 넣고 반쯤 핀 부추꽃을 데친다. 달구어진 팬에 고추기름을 두르고 고추, 마늘, 양파 다진 것, 생강을 넣고 중불에서 볶다가 소금에 살짝 데친 부추꽃을 넣고 강불로 빠르게 볶아서 그릇에 담아 둔다.

부추를 볶아낸 팬에 밑간해 둔 돼지고기를 넣고 볶다가 고기가 익으면 볶아 둔 부추꽃을 넣고 섞은 다음 참기름을 두른다.

부추꽃 장아찌

재료 반쯤 핀 부추꽃 500g, 간장 1컵, 소주 1컵, 식초 1컵, 설탕 1/3컵, 꿀 1/2컵, 소금 2t, 계피막대 10cm

만드는 방법

부추꽃을 깨끗이 씻어 식초물에 잠시 담가 둔 다음 물기를 빼둔다.

간장, 식초, 소금, 소주, 설탕에 꿀, 계피막대를 넣고 팔팔 끓인 다음 부추꽃에 붓고 하루저녁 재운 다음 냉장고에 보관한다. 그냥 먹어도 좋지만 참기름, 깨소금을 넣어도 좋다.

부추꽃 파김치

재료 반쯤 핀 부추꽃 250g, 쪽파 500g, 찹쌀풀 1컵, 고운 고춧가루 1컵, 굵은 고춧가루 1/4컵, 새우젓 2T, 멸치액젓 4T, 매실청 1/4컵, 양파 1개, 배 1/2개, 설탕 1T, 소금 2.5T

만드는 방법

쪽파와 부추꽃은 깨끗이 씻어서 물기를 뺀 후 쪽파를 그릇에 넓게 펴고 멸치액젓을 골고루 뿌려서 30분 정도 절이는데 중간에 한 번 뒤집어 주다가 소금에 절인 부추꽃을 더해서 절인다.

식은 찹쌀풀에 고춧가루를 넣어 불리고 믹서기에 양파, 배, 매실청을 넣고 갈아준다.

불려 둔 고춧가루에 갈아놓은 재료를 넣고 새우젓과 설탕을 더하는데 부족한 간은 소금으로 한다.

※　**부추꽃 볶음**

　　중국에서는 부추꽃을 음식에 많이 이용하는데 지역에 따라서는 아주 귀한 식재로 사용된다고 한다. 꽃대가 억세거나 꽃이 활짝 핀 부추꽃은 식재로서의 가치가 크게 떨어지기 때문에 반쯤 핀 부추꽃만이 식재로서의 가치가 있다. 부추보다 더 진한 부추향이 부추꽃에서 풍긴다. 아마 영양도 부추 못지않기 때문에 중국에서 부추꽃음식이 발달했을 것이다.

파꽃처럼 흰 막을 뒤집어 쓰고 있다가 막을 벗고 확 피어나는 모습은 양막을 쓰고 세상으로 나온 아기의 모습을 연상시킨다. 중국에서는 이 엄숙한 식재료인 부추꽃을 볶음을 해서 먹는다. 소금물에 살짝 데친 부추꽃을 고추기름에 볶은 다음 간장을 주 양념으로 고추, 마늘, 양파 등을 찧어 넣어 부추의 강한 맛을 강조한 다음 미리 볶아 둔 돼지고기를 더했다. 아삭한 줄기와 조금은 졸깃거리는 부추꽃의 식감이 특별하다. 부추꽃을 듬뿍 넣지 않고 5~6송이만 더해도 볶음이 특별해질 것 같다. 언젠가는 부추꽃을 판다는 중국의 시장을 구경하고 다양한 부추볶음을 먹어보고 싶다.

※　**부추꽃 장아찌**

　　어렵게 구한 부추꽃으로 꽃장아찌를 담가보기로 한다. 예쁜 꽃을 간장이나 식초에 절이는 일이 조금 마음에 내키지 않지만, 부추꽃은 식재료라는 생각에 마음을 고쳐먹는다.

간장, 식초, 소금, 소주, 설탕에 꿀, 계피막대를 더해서 팔팔 끓인 다음 부추꽃에 부었다. 간장에 소금을 더한 이유는 부추꽃 장아찌의 색은 좀 밝고 맛은 산뜻하게 하기 위함이다. 부추꽃 장아찌 항아리를 부엌 한쪽에 두고 잊어버리고 있었다. 부추꽃을 구해와서는 부추꽃이 한 송이라도 떨어지면 벌벌 떨었는데 음식으로 만들어진 뒤에는 신경도 쓰지 않는 내가 부추꽃에게 속을 보였지만 바쁜 일상 탓에 어쩔 수 없다.

육 개월 만에 부추꽃 장아찌를 개봉하였다. 무관심했으니 변했을지도 몰라… 뚜껑이 열리고 잘 절여진 부추꽃이 편안하게 누워 있다. 맛을 보았다. 강한 부추꽃 향은 많이 날아갔지만 깊고 짭조름한 맛이 현명한 노인처럼 깊이가 있다.

"맛도 좋고 보기도 괜찮은데요."

맛을 본 직원이 성깔 죽은 부추꽃에 점수를 듬뿍 준다. 누가 보아도 먹어도 합격이다.

❋ 부추꽃 파김치

보통 배추김치는 절이고 갖은 양념을 더하는 등 담그는 데 손이 많이 가야 하지만 파김치는 비교적 담그기 쉬운 김치이다. 파의 강한 향과 맛으로 단순한 양념으로도 독보적인 맛을 잃지 않는다. 파김치에 여러 양념을 넣어도 생색이 나지 않는다. 파김치를 담글 때마다 뭔가 심심하다는 느낌을 받곤 하였다. 파가 길면 곱게 감아 얌전을 떨어 보기도 하고 짧은 파는 먹음직스럽게 겉절이 식으로 담가 보기도 하지만 항상 허전하다. 부추꽃을 살짝 씹어 보았다. 기분 좋을 정도로 매운맛이 돈다. 흰 부추꽃을 살짝 소금에 절여서 파김치와 함께 곱게 말아보았다. 부추의 흰 꽃이 파의 푸른 잎 속에서 빛날 수 있도록 고운 고춧가루를 넣었다.

미나리꽃

하늘 아래 펼쳐진 순결의 꽃밭
겨울비가 너를 깨우고
봄비가 너를 키워서일까?
너는 차가운 흰 저고리에
눈이 시린 푸른 치마를 입었구나.

하늘로 이어지는 파란 향기의 바다는
나의 가슴에 하얀 일렁임을 남기고
너는 작고 하얀 얼굴을 들어 달구어진 하늘을 바라본다.

너는 흰옷 입은 순한 백성의 배고픔을 달래주더니
이제 가냘픈 흰 손을 흔들며 작별인사를 하는구나.

– 곽미경

제17장

○

미나리꽃

푸른 미나리밭이 아닌 흰 미나리꽃밭이 끝없이 펼쳐져 있어 탄성이 절로 난다. 반가운 마음에 미나리꽃밭에 몸을 풍덩 던져 본다. 가뭄 속에서도 지친 기색이 없는 작은 미나리꽃이 대견스럽다. 청순하고 수수한 미나리꽃은 크고 화려한 꽃과 잘 어울려 신부의 부케로 제격이라고 하는데 아예 결혼식을 여름 저녁 무렵 미나리꽃밭에서 해도 멋질 것 같다. 미나리꽃밭이 향기로운 하얀 바다 같다. 벌들이 윙윙거리며 날아와 순결한 미나리꽃 위에 조심스럽게 앉는다. 구름 한 점 없는 파란 여름 하늘과 흰 꽃을 이고 일렁이던 푸른 미나리꽃밭의 아름다운 풍경이 그림엽서처럼 마음에 박힌다.

미나리꽃을 근화(芹花), 꽃이 좀 더 작은 미나리를 수근채, 소화수근이라고 한다.

〈정조지〉에 "근(芹)은 초규(楚葵)이다."라고 하였는데 옛날 중국 초나라 사람들이 배고픔을 미나리로 달랬다고 하여 초규라고 한다.

＊ **미나리꽃의 효능**

미나리꽃은 비타민, 칼륨, 칼슘, 철분 등이 많은 알카리성 식품으로 피를 맑게 해주고 해독 작용이 뛰어나 간질 환에 좋을 뿐만 아니라 이뇨 작용이 있어 숙취 해소에도 좋다.

미나리꽃은 맛은 쓰고 성질은 서늘하여 독이 없다. 갈증을 풀고 정신을 맑게 해주며, 대·소장을 원활하게 하여 신진대사를 촉진한다. 미나리꽃은 황달·부인병에 매우 효과적이며 독특한 향은 식욕을 증진시킨다. 미나리는 겨자, 쑥갓과 궁합이 잘 맞으므로 미나리꽃과 쑥갓꽃을 같이 섞어 조리하면 보기에도 좋고 몸에도 좋다.

벽간갱 碧澗羹

〈정조지〉 권4 교여지류(咬茹之類), 벽간갱방(碧澗羹 方)

벽간갱(碧澗羹)이라는 낭만이 물씬 넘치는 이름을 가진 음식의 주인공은 미나리꽃부리다. '벽간'은 산골의 계곡에서 흘러내리는 푸른 물을 말한다.

벽간갱은 꽃부리가 생긴 미나리를 취하여 끓는 물에 데친 다음 술과 겨자, 소금, 회향을 넣고 담근 미나리꽃부리 김치다. 꽃부리를 절이는 향신료들이 방부성이 뛰어나 오래도록 보존이 가능한 것이 특징이다. 술에 겨자를 갈아 넣고 미나리가 들어가는 점에서 콩나물잡채와 유사하여 콩나물잡채가 벽간갱에서 비롯된 것 같다. 미나리 꽃대와 꽃부리의 향이 미나리잎보다 더 진하다.

〈정조지〉에는 미나리를 데쳐서 국을 끓이는 방법과 소금과 회향 등을 넣어 김치를 담가 먹는 미나리 조리법 두 가지가 소개되고 있는데 단순하게 국으로 즐기는 방법이 미나리의 푸른 향기를 살리기에 좋은 조리법이라고 하였다.

재료 미나리꽃부리 300g, 술 1큰술, 겨자 2큰술, 소금 2/3큰술, 회향 1작은술

만드는 방법

미나리꽃부리를 손질하여 깨끗이 씻어 물기를 빼 두었다가 끓는 물에 소금을 넣고 데쳐서 찬물에 헹군다.

그릇에 술, 겨자, 소금, 회향을 넣고 골고루 섞어 데친 미나리꽃부리에 넣고 버무린다.

미나리꽃부리 김치

〈정조지〉 권4 교여지류(咬茹之類), 근저방(芹葅方)

근저방에는 두 가지 방식으로 미나리꽃부리 김치 담그는 방법이 나온다. 하나는 미나리가 쇠기 시작하는 봄에 김치를 담가 먹으면 좋다고만 하여 어떤 방법으로 김치를 담가야 하는지에 대한 언급이 없다. 다른 하나는 미나리꽃부리가 생길 무렵 봄에 자란 여린 배추와 무를 넣고 짠지를 만드는 방법이다. 보통은 배추김치에 미나리가 김치 속으로 쓰이고 미나리가 주가 되는 김치에는 배추나 무가 들어가지 않을 것으로 생각하면 〈정조지〉의 미나리꽃부리로 담그는 김치는 은근히 특별한 김치다. 약간은 억센 미나리꽃부리가 중심이 되기 때문에 존재감이 있는 배추와 무를 넣어도 미나리꽃부리가 숨지 않는다. 그냥 미나리김치라면 미나리가 숨이 빨리 죽기 때문에 배추와 무의 기세에 눌려 주인과 객이 바뀐 김치가 된다. 미나리꽃부리의 맑고 푸른 향을 살리기 위해서 향이 순화된 말린 파를 넣었다.

재료 미나리꽃부리 400g, 배추 1/4통, 무 1/4개, 말린 쪽파 한 줌, 소금 75g

만드는 방법

꽃부리가 달린 미나리를 깨끗이 씻어 물기를 빼고 배추와 무도 씻어서 물기를 뺀 다음 무는 굵게 채를 썰고 배추는 가로 2cm, 세로 5cm 정도로 찢어서 준비해 둔다.

배추와 무, 말린 쪽파를 합하고 소금을 뿌린 다음 골고루 섞어 무거운 돌로 눌러서 시원한 곳에 둔다.

미나리꽃 새우부침개

재료 미나리꽃 1컵, 꽃새우 1/2컵, 밀가루 1컵, 소금 1g, 다시물 1 1/2컵, 식용유 조금, 설탕 2g

만드는 방법

꽃새우는 깨끗하게 손질하고 미나리꽃도 씻어서 물기를 뺀다.

밀가루에 다시물, 설탕, 소금을 넣고 덩어리가 없도록 잘 풀어준 다음 미나리꽃과 꽃새우를 넣는다.

달구어진 팬에 기름을 두르고 미나리꽃 반죽을 한 국자씩 떠서 얇게 부친다.

※ 미나리꽃 새우부침개

　　미나리꽃부리를 고운 꽃새우와 함께 전을 부쳐 보았다. 산골에 흐르는 푸른 물과 같은 미나리꽃에 꽃새우로 든든함을 더했다. 꽃새우는 껍질을 벗기지 않고 그냥 넣어 미나리꽃대의 거친 야생의 맛과 어울리도록 하였다. 밀가루 반죽에 들어간 미나리꽃과 새우가 식상하지 않아서 좋다. 미나리꽃부리의 향기와 맛을 살리기 위해 다른 채소는 더하지 않았다. 반죽이 되면 불에 오래 두어야 할 것 같아서 다른 부침개보다 약간 질게 하였다. 짜르르~ 미나리꽃대가 예쁜 모습을 잃지 않기를 바라며 기름이 달궈진 팬에 반죽을 천천히 부었다. 고소함과 미나리의 청량한 향기가 동시에 난다. 약간 노릇하게 지져진 미나리꽃 꽃새우전이 완성되었다. 꽃부리의 식감이 약간 낯설었지만 친숙한 부침개라는 음식이 바로 극복해 준다. 새우의 씹는 맛과 미나리꽃대의 쌉쓰레한 맛을 천천히 음미하며 우아하게 먹어야 하는 꽃부침개다.

중국

중국에서는 식용 꽃으로 만든 음식과 차 등을 화찬(花饌)이라고 하는데 약선음식의 한 부분이다. 화찬의 역사는 매우 길어서 초나라의 대시인 굴원(屈原)이 대표작 이소(離騷)에서 '조음목란지추로혜(朝飮木蘭之墜露兮), 석찬추국지락영(夕餐秋菊之落英)'이라 하여 아침에는 목란 꽃잎에 맺힌 이슬을 받아먹고 저녁으로 국화의 처음 핀 꽃을 먹는다고 하여 당시 중국의 사대부들이 몸과 마음을 깨끗이 하기 위해 꽃을 즐겨 먹었다는 것을 알게 한다.

중국의 화찬에 대한 정식 기록은 수·당시대를 기록한 《수당가화록(隨唐佳話錄)》에서이다. 꽃은 색과 맛, 향이 아주 좋으며 병을 치료하고 보양하는 효과가 있으며 부녀자의 얼굴을 아름답게 해주고 늙지 않도록 한다고 하였다. 당나라의 측천무후(則天武后)는 100가지의 꽃과 쌀을 빻아서 찐 백화떡을 만들어 신하들에게 나누어 주었고 중국 황실의 여인들도 다양한 화찬을 즐겨 먹었다.

일본

일본에서는 1980년 말 미국에서 들어온 먹는 꽃(edible flower) 붐이 불면서 요리사들과 학자들에 의해서 꽃음식이 급격히 발전하였다. 일본에서는 특히 다육식물 생태학자인 이쿠조 하시모토(Ikuzo Hashimoto)가 《엘리건트하고 사치스러운 사계절 꽃요리》란 책의 출간을 필두로 1991년에 《여러 색깔의 사계절 꽃요리》, 1998년에 《꽃과 허브》란 책을 출간하면서 꽃음식에 대한 관심을 고조시켰다. 일본은 꽃음식이 우리보다 훨씬 더 다양하다. 벚꽃을 소금과 매실식초에 절인 벚꽃 절임, 산초꽃을 튀기거나 소금에 섞어서 우동 위에 얹어 먹기도 하는 등 우리보다 꽃을 음식에 적극적으로 활용하고 있다. 아무래도 자극적인 음식을 덜 즐기는 일본 식문화가 꽃의 맛이나 모양을 살리는 데 더 적합했을 것이다. 일본 문헌에 나타난 식용 꽃은 크레송, 유채, 베고니아, 석죽, 장미, 해당화, 달리아, 팬지, 등꽃, 머위꽃망울, 황국, 치자, 옥잠화, 수선화, 튤립, 나팔꽃, 메밀꽃, 도라지, 동백, 코스모스, 칡, 해바라기, 꽃무 등이다.

중동 지역

중동에서는 기원전 400년 전부터 장미수에 버무린 베르미첼리(Vermicelli)에 견과류와 과일 등을 곁들이고 위에 눈을 얹어 먹었다. 장미꽃의 향이 음식에 달콤하면서도 향긋한 향을 더해 준다고 하여 레몬, 석류, 사프란과 더불어 중동요리의 중요한 키워드이다. 중동의 건조한 사막은 장미의 향을 더욱 진하게 하여 중동의 장미는 세계적으로 유명하다. 장미는 중동요리를 더욱 품격 있고 우아하게 만드는 데 한몫을 하고 있다. 고대부터 섬세한 아름다움과 우아한 향기를 지닌 꽃의 여왕 장미를 생화나 말린 가루, 추출물 등으로 고기를 주재료로 하는 메인 요리와 아이스크림, 케이크, 잼 등에 활용하였다.

멕시코

멕시코는 오랜 역사만큼이나 다양한 전통음식 문화가 살아 있는 곳으로 전 세계 요리계에서 주목하는 곳이다. 멕시코인들은 호박꽃을 토르티야, 타코, 수프, 튀김, 오믈렛 등에 넣어 즐겨 먹는데 호박꽃이 식욕을 돋우는 역할을 한다고 한다. 호박은 멕시코가 원산지이므로 멕시코인들이 호박꽃을 즐겨 먹는 것은 당연하다. 멕시코 시장에서는 호박꽃을 호박과 함께 상시 판매하고 있고 멕시코 식당에서는 호박꽃 요리를 늘 제공하고 있다.

유럽
꽃을 먹는 것은 중세 유럽에서는 보편적이었으며 바이올렛을 이용하여 음식에 향을 내는 것은 빅토리아 여왕 시대에 이미 보편적이었다. 역사가이며 허브정원의 설계가이기도 한 로드 (Eleanour Sinclair Rohde) 여사는 17세기에 발행된 조리서들을 분석하여 과일, 채소 및 꽃들이 어떻게 쓰였는지 정리하였다. 그녀의 노력으로 중세에는 장미, 로즈메리, 보리지, 메리골드, 정향꽃, 앵초 등으로 사탕, 음료, 샐러드 등을 만들었고 장미오일과 장미수를 만드는 방법과 장미나 제비꽃 향을 담은 식초로 음식을 만들었다는 사실을 알게 되었다. 특히 몸에 활력을 주는 보리지꽃이 많이 사용되었다는 점이 인상적이다.

미국
미국은 '모자이크의 나라', '멜팅 팟(Melting pot)'이라는 이름에 걸맞게 세계에서 가장 다양한 음식문화가 공존하고 있다. 미국에서 웰빙, 요가, 명상, 채식 등의 자연주의 바람과 더불어 꽃음식도 자연스럽게 유행하기 시작하였다. 특히, 다량의 영양소를 함유하면서도 칼로리는 낮은 꽃은 천연 영양제라는 인식을 갖게 하기에 충분하였다. 꽃음식이 사람들이 먹는 흔한 음식이 아니라 차별화된 건강하고 우아한 음식이라는 점에서 감각적인 미국의 젊은 세대를 매료시켰다. 미국의 작물 재배가들이 안전하게 키운 식용 꽃의 안정적 공급이 꽃음식 발전에 바탕을 만들었다.

보리지꽃

호박꽃

상추꽃

먼 태고를 기억하기에
마주치면 안된다는 듯
마주치고 싶다는 듯

먼 기다림의 흔적인 양
긴 모가지를 남기고
그림자가 지듯 가버렸구나.

나는 꿈을 꾸고 있는듯
너의 보랏빛 흔적을 더듬어 본다.
벌건 고추잠자리들이 무겁게 유영한다.

- 곽미경

제18장

○

상추꽃

상추에 꽃대(줄기)가 올라오고 꽃대의 맨 위에 상추꽃이 피기 시작한다. 상추꽃은 '부룻동', '불동'이라고도 하는 상추 줄기를 포함하므로 부룻동과 상추꽃을 구태여 구분할 필요는 없다. 연노랑 저고리에 진녹색 치마를 입은 듯한 앙증맞은 상추꽃은 친숙한 상추에 비해서 너무도 낯설다. 막 벙글어지기 시작한 상추꽃은 민들레를 조금 닮은 것 같기도 하고 국화과에 속해서인지 감국을 닮은 것도 같다. 상추꽃을 중심으로 여리고 작은 상추들이 상추꽃을 둘러싸고 있는 모습에 안정감이 느껴진다. 상추는 고단한 시절의 밥상이나 풍요로운 지금의 식탁이나 늘 우리와 함께하고 있다. 옛날에는 상추 자체를 쌈으로 즐겼지만 지금은 고기와 잘 어울리고 고기의 약점을 보완하는 채소로 꾸준히 사랑받고 있다. 가을이 되면 상추의 꽃대가 올라오고 상추가 상추나무처럼 키가 크기 시작하면서 상추꽃이 피기 시작하지만 배추나무, 갓 등의 김장작물을 심기 위해 상추를 서둘러 뽑기 때문에 상추꽃을 볼 틈이 없다. 부추나 미나리처럼 잎을 먹는 채소들의 운명이다.

※ **상추꽃의 효능**

상추는 비타민 C의 함량이 높으며 체내의 지방을 소모하는 작용을 하여 콜레스테롤을 낮추어 주며 다이어트에도 좋다. 상추에는 베타카로틴이 풍부하여 꾸준히 섭취하면 눈 건강에 좋으며 철분도 풍부하여 피를 생성시키고 엽산이 풍부해서 빈혈을 예방해 준다. 상추의 꽃대와 꽃에는 수면을 유도하는 성분이 잎보다 풍부하게 들어 있다. 상추의 줄기에서 나오는 우윳빛 즙액에 락투세린과 락투신이 들어 있는데, 이것이 진통과 최면 효과가 있어 상추를 많이 먹으면 잠이 온다.

술지게미에 절인 상추꽃대

〈정조지〉권4 교여지류(咬茹之類), 와순채방(萵筍菜方)

상추꽃대의 무한한 가능성을 알고 텃밭에 상추를 심겠다고 마음을 먹는다. 상추꽃대가 좋다고 알고는 있었지만 관심을 갖지 않았던 지난 시절이 후회스럽다. 상추꽃대를 먹었다면 지금보다 더 건강하지 않았을까 하는 생각도 든다. 이런 마음을 헤아린 듯 서유구 선생은 상추꽃대로 만들 수 있는 다양한 조리법들을 제안한다. 몸에 좋은 상추꽃대를 누구나 쉽게 즐겨 먹었으면 하는 선생의 마음이 느껴진다.

술지게미로 채소를 절이면 생각지도 못한 독특한 향과 식감을 가진 장아찌를 얻게된다. 술지게미는 알코올 성분이 남아 있어 방부성이 뛰어나 음식의 부패를 막아주고 미생물의 발효 작용으로 장 건강에도 유익하다. 술지게미에 절인 음식을 먹으면 속이 편한 것도 술지게미의 발효로 인한 결과이다. 울외, 무, 오이, 배추, 참외 등 수분이 많고 껍질이 두꺼운 채소나 과일은 소금에 절였다가 술지게미에 절여야 하지만 수분이 적고 몸통이 작은 상추꽃대는 〈정조지〉의 조리법대로 그냥 절여도 괜찮다. 보름 만에 열어본 상추꽃대가 술지게미에 푹 절여져 장아찌의 형상이 되었다. 상추꽃대에 술의 향과 달콤새큼한 맛과 아삭거림이 추가되었다. 먹기 좋은 크기로 썰어서 물기를 제거한 다음 간장, 소금, 깨소금, 참기름을 넣고 가볍게 무쳤다. 사계절 내내 언제 어디서나 먹을 수 있을것 같은 맛이다.

재료 상추꽃대 600g, 술지게미 800g

만드는 방법
상추꽃대를 손질하고 씻어 물기를 뺀다.
상추꽃대를 한 줄 놓고 술지게미를 2cm 두께로 덮는 것을 반복하여 맨 위는 술지게미로 덮은 다음 무거운 돌을 올려 두고 뚜껑을 덮는다.
보름이 지나 익으면 술지게미를 제거하기 위해 상추꽃대를 씻어 물기를 제거한 다음 적당한 길이로 썬다.

와순채 萵筍菜 상추꽃대

〈정조지〉 권4 교여지류(咬茹之類), 와순채방(萵筍菜方)

배추가 귀한 가을이면 상추꽃대를 꺾어서 불뚝김치를 담가 먹었다. 불뚝김치란 말은 불뚝 힘이 솟게 하는 김치라는 뜻이다. 상추가 힘을 주는 채소라 옛날에는 여자가 상추밭에 들어가는 것을 금하였다고 한다. 상추꽃대에 상추꽃이 필 무렵, 종자를 만들기 위해 상추의 모든 에너지가 꽃으로 올라간다. 김치 정도라면 몰라도 입에 달고 부드러운 음식을 선호하는 현대인들은 상추꽃대를 생으로 먹는 것에 거부감을 가질 것이다. 한 번도 먹어 본 적이 없는 상추꽃대의 첫 맛은 "너무 쓰다!" 였다. 우연히 맛을 본 적이 있는 익모초즙의 쓴맛이 입안에서 되살아난다.

〈정조지〉에서는 상추꽃대가 맑고 부드럽다고 하였는데, 가만 살펴보니 상추꽃이 너무 만개한 꽃대의 아래 부분을 먹어서 쓴 것 같아 꽃이 벙글어지기 시작하는 꽃대의 중간쯤을 먹었다. 선생의 말씀대로 정말로 맑고 부드러운 맛이다. 상추 특유의 향도 살아 있고 적당히 쌉쌀하여 몸에 활기가 돈다. 상추꽃대는 맛과 모양, 영양은 물론이고 다양한 음식에 어울리는 완벽한 식재료. 생으로도 좋지만 데쳐서 먹는 것이 좋을 것 같다.

재료 상추꽃대 30개

만드는 방법

상추꽃대를 손질하여 깨끗이 씻은 다음 상추꽃대의 껍질을 벗겨 적당한 크기로 잘라서 먹는다.

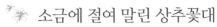

소금에 절여 말린 상추꽃대

〈정조지〉 권4 교여지류(咬茹之類), 와순채방(萵筍菜方)

상추꽃대를 소금에 절였다가 볕에 말려 누른 다음, 방물(方物, 임금에게 바치던 지방 특산
물)로 올리는 것을 와순(萵筍)이라고 한다. 상추꽃대도 운대처럼 말려서 종이봉투에
담아 놓고 필요할 때마다 물에 불려 사용하였을 것이다. 무거운 것으로 눌러 납작하
게 만들면 다른 나물에 비해서 두꺼운 상추꽃대의 수분이 제거되어 장기 보관이 가
능하고 섬유조직이 파괴되어 연해진다. 지금의 날씬한 상추꽃대를 생각하면 이해가
안되지만 예전의 상추꽃대는 나무만큼 두꺼웠다는 것을 알면 이해가 된다. 두 해 전
시골마을에서 상추꽃대가 올라온 상추를 본 적이 있는데 상추가 아니라 상추나무
라고 외칠 만큼 굵고 우람하였다. 물론, 굵은 것이 다 좋은 것은 아니지만 지금의 상
추꽃대도 어른 가운뎃손가락 두께 정도는 되기 때문에 수분을 제거하는 것이 좋다.
〈정조지〉에는 말린 상추꽃대의 조리법에 대한 설명이 없지만 물에 담가서 쓴 물을
뺀 다음 국을 끓이거나 나물, 볶음 등으로 먹었을 것이다.

재료 상추꽃대 500g, 소금 70g

만드는 방법
상추꽃대를 정리하여 끓는 물에 데쳐 물에 헹군 다음 소금을 더한다.
바구니에 넣어 바람이 잘 통하고 햇볕이 드는 곳에서 말린다.
상추꽃대를 반듯이 펴서 깨끗한 면보로 감싼 다음 무거운 물건 등으로 상추꽃대를 눌러준다.
종이봉투에 보관하였다가 필요할 때마다 물에 불려 쓴다.

상추꽃대 볶음

〈정조지〉 권4 교여지류(咬茹之類), 와순채방(萵筍菜方)

상추꽃대로 만든 아름답고 우아하며 감탄할 만한 음식이다. 맛과 색감도 뛰어날 뿐
만 아니라 영양학적으로 우수하여 진·선·미를 모두 갖춘 음식으로 '부룻동나물', '불
로상채(不老鲞菜)'라고도 한다. 이 상추꽃대 볶음에는 마고와 향심이라는 낯선 이름
의 식재가 등장하는데 마고는 참나무에서 자란 표고버섯을, 향심은 오동나무·버드
나무·탱자나무에서 자생하는 버섯 중에서 색이 붉은 버섯을 말한다. 이 상추꽃대
조리법은 상추꽃대뿐 아니라 다른 채소 볶음에 응용하여도 좋을 것 같다. 화려하지
는 않지만 상추꽃대를 주장으로 한 석이버섯, 표고버섯, 잣이 동색 계열의 조합으로
세련미를 주어 음식이 한결 돋보인다. 입맛을 자극할 만큼의 씁쓰레한 상추꽃대와
향기로운 표고버섯과 고소한 잣이 입안에서 향연을 벌인다. 현대인의 입맛에 잘 맞
고 색과 맛, 영양의 삼박자가 조화로워 상추꽃대를 먹는 내내 현악 삼중주의 아름다
운 선율을 듣고 있는 기분이었다. 상추꽃대나물을 먹어 본 사람이면 누구나 상추는
고기를 싸 먹기 위해서 먹는 잎채소라는 생각에서 탈피할 것 같다. 상추잎은 꽃대를
먹기 위한 중간 여정일 뿐이다.

* 향심은 현재 우리나라에서는 구하기 어려운 버섯으로 상추꽃대 볶음에는 들어가지 않았다.

재료 상추꽃대 500g, 기름간장 25ml, 석이버섯 3개, 표고버섯 2개, 잣 30개

만드는 방법

상추꽃대를 정리하여 씻은 다음 물기를 뺀다.

상추꽃대를 데친 후 껍질을 벗겨 4cm 길이로 잘라 뜨겁게 달군 솥에 기름간장을 붓고 살짝 볶는다.

석이버섯과 표고버섯, 찧은 잣을 고루 섞은 다음 다시 볶는다.

불뚝김치

재료 상추꽃대 300g, 상추잎 200g, 무 1/5개, 밤 2개, 잣 한 줌, 사과 1/4개, 배 1/4개, 마른 표고버섯 3~4개, 다시마 3~4쪽, 양파 1/2개, 쪽파 3줄기, 미나리 5줄기, 마늘 10개, 생강 2쪽, 매실청 1/4컵, 찹쌀풀 1/2컵, 고춧가루 1컵, 멸치액젓 1/3컵, 새우젓 1/4컵, 소금 1/3컵, 통깨 조금

만드는 방법

상추꽃대는 깨끗이 씻어 소금에 살짝 절여 둔다. 찹쌀풀은 묽게 끓이고 표고버섯과 다시마로는 함께 육수를 낸다. 마늘, 생강, 사과, 배, 밤은 편으로 썰어 두고 무는 채를 친다. 쪽파, 미나리는 4cm 길이로 썰고 양파는 반으로 갈라 가늘게 썰어 둔다. 찹쌀풀에 고춧가루를 넣어서 불린 다음 멸치액젓과 새우젓을 넣고 상추꽃대에 썰어 둔 채소와 상추잎, 밤과 배와 사과를 넣고 버무린다. 매실청을 넣어 단맛을 조절하고 통깨와 잣을 더한다. 꽃대는 잘 구부러지지 않으므로 길이로 김치통에 넣었다가 썰어서 먹는다.

※ 불뚝김치

상추가 너무 흔하고 비싸지 않은데다 꽃대가 올라온 채소는 밥상에 올라올 자격을 상실했다는 편견과 '불뚝'이라는 고상하지 않은 이름 때문에 불뚝김치는 담그고 싶지 않은 김치였다. 〈정조지〉 속의 다양한 상추꽃대 음식을 만들어 보면서 불뚝김치에 대한 부정적인 인식은 휴지통에 던져졌다.

표고버섯과 다시마로 국물을 낸 다음 찹쌀풀로 죽을 쑤고 양파와 배는 곱게 갈아 고운 체에 내리고 마늘과 생강은 편으로 썰어 상추꽃대의 모습이 깔끔하게 보이도록 하였다. 상추꽃대의 뛰어난 효능을 더해줄 잣과 밤도 넣고 사과와 배도 썰어 넣어 씁쓸한 맛을 덜도록 하였다. 자작할 정도로 국물을 잡은 다음 반나절을 실온에 두었다가 냉장고에 넣어 두었다. 3일 뒤 꺼내서 맛을 보았는데 씁쓰레하면서도 산뜻하고 담백하다. 불면증에 좋은 상추의 특성상 밤에 먹으면 위장에 부담도 적고 잠도 잘 올 것 같다. 소화가 잘되지 않는 고기와 같이 먹는 것도 좋고 적당하게 익은 불뚝김치는 꽃대만 썰어서 보리밥과 함께 비벼 먹으면 열무김치보다 낫다.

약간 신 불뚝김치는 쓴맛은 사라지고 상추와 젓갈의 맛이 서로 어우러지면서 내는 산뜻한 감칠맛이 그동안 먹어본 김치의 맛을 잊게 할 만큼 특별하고 훌륭하다. 걱정되는 것은 불뚝김치가 중독성이 강하다는 것이다.

* 표고버섯과 다시마 육수를 넉넉하게 넣으면 불뚝 물김치가 된다.

맨드라미꽃

온갖 꽃 피고진 지 이미 오래이건만
가만히 보니 이 꽃은 오래도 가누나
서리를 업신여긴 국화와 늦게까지 친하니
무슨 꽃인들 서로 비교가 되랴
온갖 태도 볼수록 새로우니
꽃 닭 머리는 아니지만 닭 머리와 똑같구나
아무리 읊어 비유해도 끝내 신통치 못하니
어찌 꽃다운 마음 벌써 시든 것이 아닌가
어지러이 성하게 피어 높기도 혹은 낮기도
붉은 깃발처럼 찬란하여 가지런히 서 있네
온갖 꽃은 마치 얇은 비단 가위질해 놓은 것 같지만
이 꽃은 마치 두꺼운 명주에 자주색 물들인 것 같구나
줄기의 치밀한 결 조금 연약하지만
거친 바람 소나기에도 끄떡없다네
모란꽃 작약꽃은 잠깐인데다
그 절색 또한 우리가 바랄 바 아니지만
그 다음가는 것이나마 오래 볼 수 있으니
서시를 한 번 보고 마는 것보단 조금 낫구나
들으니 그대는 조격을 바꾸어 읊는 일을 파하고
불서만을 읽는다더군

- 이규보

263

제19장

○

맨드라미꽃

닭 벼슬처럼 생겨 '계관화(鷄冠花)' 또는 '계두화(鷄頭花)'라고도 하는 맨드라미는 예쁜 꽃은 아니다. 하지만 맨드라미의 깊고 진한 붉은색이 기품이 있어 꽃의 미추를 논하지 않게 하는 독특한 매력이 있다. 비로드천 같은 질감은 맨드라미를 고급스럽게 한다.

서양에서는 맨드라미가 윤기가 자르르 흐르는 깃털에 두툼한 붉은 벼슬을 꼿꼿하게 세우고 거만하게 걷는 당당한 멋쟁이 수탉을 닮아 멋쟁이 꽃이라고 한다.

첫눈이 내일모레라 하는데 여름의 모습을 잃지 않은 맨드라미의 아름다움이 눈에 들어오기 시작한다. 긴 시간 피어 있는 생명력도, 서리를 맞고도 끄떡하지 않는 강인함과 핏빛처럼 붉은색도 열정을 뜻하는 것 같아 좋다. 맨드라미꽃에 코를 대어 향기를 맡아 보았다. 그저 무덤덤한 것이 변덕맞은 친구를 탓하지 않고 한결같이 응원하고 편들어 주는 친구 같기도 하다.

맨드라미는 지사제로 뛰어난 약효를 지니고 있어 설사를 자주 하는 여름에 화전으로 즐겨 먹었다.

맨드라미는 깊고 진한 붉은빛으로 열정과 긴 시간 피어 있어 영원한 사랑을 의미한다. 열정적이고 영원한 사랑을 원한다면 맨드라미로 만든 음식을 많이 먹을 일이다.

＊ **맨드라미꽃의 효능**

구불구불 뒤엉킨 붉은 꽃잎이 마치 살아 있는 동물의 피부처럼 맨들거려 맨드라미라는 이름이 붙은 맨드라미꽃은 지혈 작용이 뛰어나 토혈, 객혈, 하혈, 상처 치료 등에 좋다.

맨드라미 가지김치 1

〈정조지〉 권4 교여지류(咬茹之類), 가저방(茄菹方)

맨드라미와 서리 맞은 가지는 늦가을의 정취를 가득 담은 꽃과 채소다. 항아리에 담긴 가지와 맨드라미에 백비탕에 녹인 소금물을 부었다. 가지와 맨드라미에 따로 간을 하지 않기 때문에 염도는 배추를 절이는 정도로 하여 무거운 돌로 누른 다음 수숫잎으로 항아리를 꼭꼭 눌러 덮어 두었다. 맨드라미 가지김치는 한겨울에 먹는 김치라고 하였으므로 세 달이라는 다소 긴 시간을 기다려야 한다.

한 달쯤 지나서 궁금한 마음에 살짝 수숫잎을 제치고 맨드라미김치를 살펴보았다. 다행스럽게 골마지도 끼지 않고 잘 발효되고 있었다. 자꾸 열어 보면 맨드라미 가지김치가 불안하여 잘 발효하지 않을 것 같아 두어 달을 잊어버리고 지냈다.

제법 쌀쌀한 어느 겨울 오후, 땅속에 묻은 항아리의 뚜껑을 열었다. 얇은 흰 막이 끼어 있고 맨드라미는 탈색이 되어 볼품이 없지만 국물은 맑았다. 보랏빛이 빠져서 추레해 보이는 가지를 꺼내서 찢어 보았다. 찢어지는 가지의 고운 결을 따라 맨드라미빛 허리띠가 보이는데 가지가 보석을 품고 있는 것 같다.

앞선 〈정조지〉의 꽃음식들 중 데친 미나리꽃부리국을 산골의 푸른 물에, 부용화에 물든 두부를 눈이 그친 후의 저녁노을에 비유했지만 맨드라미에 물든 가지는 앞의 두 꽃음식을 단번에 뛰어 넘을 만큼 아름답다. 가지의 쫄깃하고 아삭한 식감과 맨드라미가 내어 준 붉은빛! 가지와 맨드라미가 진정한 사랑에 대해서 생각하게 한다. 낙엽이 되어 버린 맨드라미가 웃는다.

재료 맨드라미꽃 10송이, 가지 30개, 수숫잎 10장, 물 8L, 소금 9컵, 꿀 2T
도구 항아리, 무거운 돌

만드는 방법
가지와 맨드라미를 깨끗하게 손질하고 물기는 제거해 둔다.
땅을 파고 묻은 항아리에 가지와 맨드라미를 넣는다.
팔팔 끓인 물에 소금을 넣어 잘 녹여 가지와 맨드라미가 적셔질 정도로 식힌 소금물을 붓는다.
무거운 돌로 눌러 준 다음 수숫잎으로 덮고 옹기의 입을 봉해 땅속에 묻는다.
겨울이 되면 꺼내 꿀을 끼얹어 먹는다.

맨드라미 가지김치 2

〈정조지〉 권4 교여지류(咬茹之類), 가저방(茄菹方)

가을의 대표적인 식재인 토란은 뽀얀 뿌리와 아삭한 식감의 줄기가 모두 식재료로 활용도가 높지만 특히, 말려서 사시사철 쓸 수 있는 줄기가 더욱 요긴하다. 맨드라미 가지김치의 특징은 가지에 직접 간을 하지 않고 생토란 줄기에만 소금 간을 하여 간이 서서히 가지에 배게 한 것이 독특하다. 소금에 두 번 절여 수분을 제거한 토란 줄기를 통해서 염분을 공급받은 가지가 상하지는 않을까 걱정이 된다. 가지가 상하는 것을 막기 위해서 토란 줄기에 마냥 소금을 뿌려도 가지에 영향을 주는 것에는 한계가 있을 것 같다.

해가 바뀌어 맨드라미 가지김치를 열어 보았다. 가지가 조금 몰랑해 보여도 모양과 식감이 살아 있고 맨드라미도 꽃물이 빠지지 않고 싱싱해서 접시에 같이 담아 내도 예쁘다.

소금에 절여진 토란대에 맨드라미 붉은 물이 군데군데 들어 얼룩덜룩한 것이 묘하게 예쁘다. 부드럽게 말랑한 가지를 찢어 꿀을 찍어 먹어 보았다. 짠맛과 달콤함의 어울림이 입안에서 부드럽게 맴돌다 사라지자 토란대를 꿀에 찍어 먹어 보았다. 약간 질기기는 하지만 아삭한 것이 먹을 만하다. 그냥 먹으면 반찬이 되고 꿀에 찍어 먹으면 술안주나 아름다운 겨울철 별미 간식으로 손색이 없다.

재료 생토란 줄기 400g, 가지 15개, 맨드라미꽃 10 송이, 소금 270g, 꿀 2T
도구 작은 옹기

만드는 방법
토란 줄기를 어른 손가락 길이로 잘라 소금에 절여 반나절을 둔다.
절인 토란 줄기의 소금물을 짜내고 다시 소금을 넣어 절이기를 반복해 토란 줄기의 생기를 완전히 죽인다.
가지는 꼭지를 제거하고 깨끗이 씻어 작은 옹기 안에 넣고 맨드라미도 옹기 안에 넣어 가지와 뒤섞은 다음 절인 토란 줄기를 가지 위에 덮는다. 금방 담가서는 음지에 두고 겨울이 되면 따뜻한 곳으로 옹기를 옮긴다.
꿀을 끼얹어 먹는다.

맨드라미꽃 가지볶음

재료 맨드라미 1송이, 가지 2개, 칠리고추간장 2T, 마늘 3개, 대파 1개, 식용유 1T, 참기름 2t, 깨소금 2t

만드는 방법

맨드라미는 3cm 길이로 손으로 자르고 가지는 두 토막을 내서 손가락 길이로 썬다.

팬에 기름을 두르고 맨드라미꽃과 편으로 썬 마늘을 중불에서 볶는다.

가지를 넣고 볶다가 칠리고추간장을 넣는다.

가지가 숨이 죽으면 약불로 줄이고 간장으로 간을 맞춘다.

불을 끄고 참기름과 깨소금을 더한다.

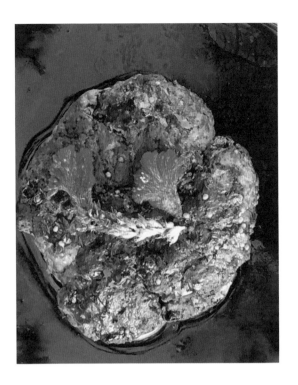

맨드라미꽃 소스

재료 맨드라미 100g, 물 100ml, 간장 50ml, 우스터소스 35ml, 양파 1/2개, 설탕 1/2큰술, 올리고당 1/2큰술, 버터 1큰술, 분홍후추 한 꼬집

만드는 방법

맨드라미는 깨끗이 씻어 뜨거운 물에 한나절 정도 탕침(湯浸)하여 준비해 두고, 양파는 얇게 썰어 뜨거운 팬에 버터를 녹이고 중불에서 볶다가 양파가 노릇해지면 맨드라미 우린 물과 맨드라미를 함께 넣고 끓으면 약불로 줄인다. 간장, 우스터소스, 설탕, 올리고당, 후추를 넣고 끓이다 소스의 양이 반으로 줄어 들면 불을 끄고 소스를 고운체에 거른다.

* 맨드라미꽃의 적색 색소인 베타시아닌 색소는 열과 빛에도 색소 분해가 일어나지 않고 다른 식품 성분에도 영향을 받지 않아 천연색소로서 상당히 안정적이다. 꽃음식에 사용할 때는 맨드라미꽃 자체를 먹기보다는 색소로 음식의 물을 들이는 데 활용하는 것이 좋다.

맨드라미꽃 증편

재료 습식 멥쌀가루 600g, 생막걸리 155g, 물 155g, 설탕 100g

만드는 방법

습식 멥쌀가루는 체에 내리고 물과 막걸리는 서로 섞어 40도 정도로 온도를 맞춘 다음 설탕을 넣고 잘 섞는다. 체에 내린 쌀가루에 막걸리 물을 붓고 반죽하여 35도 정도의 온도에서 약 4시간 정도 발효한다. 발효된 반죽에서 거품이 일면 주걱으로 섞어 준 다음 다시 4시간 정도를 발효한다. 발효된 반죽에서 거품이 올라오면 주걱으로 섞어 증편틀에 반죽을 올린다.

찜기에 김이 오르면 약불에서 5분, 센 불에서 10분 다시 약불에서 5분 정도 쪄 준다.

* 증편을 만들 때는 막걸리의 선택이 아주 중요하다. 막걸리는 반드시 비살균 막걸리를 사용하는데 고가의 막걸리보
  다는 대중적인 막걸리가 발효가 더 잘된다.

272

✳ 맨드라미꽃 가지볶음

맨드라미에 더하여 음식을 만들 식재를 찾기 위해 텃밭을 둘러보았다. 고추도 오이도 감자도 모두 내년을 기약하고 상자나 망에 담겨 있지만 서리를 맞고 오그라진 가지나무에 가지만은 여전히 달려 있다. 서유구 선생도 맨드라미의 '천생연분에 보리 개떡'으로 가지를 선택하셨으니 망설일 필요가 없는 것 같다. 〈정조지〉가 쓰여진 지 200년이 지났지만 여전히 맨드라미의 짝은 가지라는 사실에 괜스레 마음이 놓인다. 맨드라미는 붉은색을 많이 심지만 황색, 백색 맨드라미도 있어 각각의 색으로 음식을 만드는 즐거움이 있는 꽃이다.

✳ 맨드라미꽃 소스

품위 있는 진한 맨드라미색 탓인지 맨드라미를 보면 자꾸만 무거운 색상이나 소재의 식재가 떠오른다. 사실, 벨벳 같은 두툼한 맨드라미는 산뜻한 조리법이나 가벼운 식재료에는 어울릴 것 같지 않다. 고기에 맨드라미를 직접 넣어 조리하는 것보다는 이차적으로 고기의 맛을 좌우하는 소스에 맨드라미를 넣기로 하였다. 맨드라미는 정열적인 모습과는 달리 열을 내리는 효능이 있어 지사제, 지혈제, 혈압강하제로 쓰이므로 성질이 더운 소고기와 잘 어울린다. 스테이크 소스의 색에 맨드라미의 깊은 붉은색이 들어가자 소스에 깊은 호수와 같은 신비감이 감돈다. 맨드라미꽃이 조금 들어갔을 뿐인데… 음식, 사람, 집, 옷 등 우리가 대하는 모든 관계가 작은 정성을 더하고 성의를 보이면 달라진다는 것을 맨드라미꽃 소스를 통해서 배운다.

※ 맨드라미꽃 증편

　　작년 늦가을 무너진 담장 옆에 핀 맨드라미꽃이 눈길을 사로잡았다. 다른 맨드라미보다 늦게 핀 게으름을 자책이라도 하는 듯 서리를 맞고도 점잖게 떨고 있는 맨드라미꽃이 안쓰러워 말려 두었던 것이 눈에 들어온다. 별 관심도 기울이지 않았는데 깊은 붉은빛이 그대로인 씩씩한 맨드라미꽃에게 괜스레 미안한 마음이 든다. 마른 잎 서너 개를 뜨거운 물에 담겼더니 진한 붉은빛이 쏟아져 나온다. 맨드라미꽃의 뜨거운 열정이 되살아나는 것 같아 가슴까지 뜨거워진다.

"옛날 우리 할머니는 증편을 찔 때 맨드라미꽃을 올려서 쪄 주셨는데 어린 내 눈에도 어찌나 곱던지." 심심해서 놀러 왔다는 마을 할머니가 할아버지의 병간호에 지쳐 무심심한 목소리로 말씀하신다. 흰 증편 위에 쏟아진 붉은 맨드라미라니… 어느새 증편을 만들 쌀을 씻고 있다.

274

오방색과 꽃

우리나라는 음양오행설(陰陽五行說)에 근거한 오방색(五方色)을 사용하여 조리한 음식을 으뜸으로 친다. 오방색을 갖춘 음식을 우주의 기운을 담은 조화롭고 완벽한 음식으로 생각하였다. 근래에 들어 채소나 과일, 꽃의 색에 따라서 함유하고 있는 영양소가 각각 다르다는 것이 밝혀지면서 칼라 푸드(color food)가 권장되고 있는데 오래 전 우리 선인들은 영양학 차원을 넘어서 조화로운 심성을 가진 이상적인 인간을 만드는 데 오방색을 활용하였다.

오방색이라고 하면 황(黃), 청(靑), 적(赤), 백(白), 흑(黑)의 5가지 색을 말하는데 꽃의 다양한 색깔은 오방색을 갖춘 한식을 만드는 중요한 소재가 되므로 꽃이 한식에 적극적으로 활용되어야 한다.

오방색으로 나눈 꽃들

황색은 '누렇다'는 뜻으로 송화색, 치자색, 미색, 아황, 담황, 등황, 현황, 천황, 계황 등으로 분류할 수 있다. 오행 중 토행(土行)을 가리키며 계절로는 여름, 방위로는 중앙이고 맛으로는 단맛이다. 노랑과 주황색 계열의 카로티노이드는 시각과 관련된 비타민 A의 전구체이며 면역력을 증진시키고 노화방지에 효과가 있다. 황색의 꽃으로는 원추리, 해바라기, 유채, 개나리, 국화, 달맞이꽃, 민들레, 호박꽃, 꽃다지, 배추꽃, 씀바귀꽃 등이 있다.

청색은 청(靑), 녹(綠), 남(藍), 벽(碧) 등의 색을 이르며 '푸르다'는 의미까지 포함하고 있다. 청색은 생명을 표현하고 오행의 방위상으로는 태양이 떠오르는 동쪽을 뜻하므로 양기가 강한 색이다. 계절로는 봄을, 오행으로는 목행(木行)이며 맛으로는 신맛이다. 청색 식품에는 셀포라판 성분이 있어 암을 예방하고 고혈압에 좋다. 수국, 용담, 가지꽃, 익모초꽃, 도라지꽃 등 청색의 꽃은 간의 피로물질을 제거하고 폐의 노폐물 제거에 좋다.

적색은 '붉다'는 뜻으로 적(赤), 홍(紅), 주(朱)의 총칭이다. 적색에는 다홍, 분홍, 진홍, 주홍, 토홍, 연지색, 천초색 등이 있다. 적색은 음양오행설로 화행(火行)이고 남쪽을 의미하며 맛으로는 매운맛이다. 적색의 꽃은 여성의 부인과 병에 좋으며 꽃에는 카로틴계, 안토시아닌, 라이코펜 등을 함유하고 있어 항산화제 역할을 한다. 적색꽃으로는 동백꽃, 맨드라미, 붉은 장미, 복숭아꽃, 진달래, 해당화 등이 있다.

백색에는 청백, 유백, 담백, 회백이 있다. 오행으로는 가을을 뜻하고 방위로는 서쪽이며 맛으로는 쓴맛이다. 백색꽃으로는 참깨꽃, 냉이꽃, 아카시아, 목련, 부추, 미나리, 산초, 연꽃, 파, 치자, 옥잠화, 흰색 접시꽃 등이 있다. 흰민들레, 흰도라지처럼 백색꽃을 피우는 식물은 뿌리나 잎의 약성이 뛰어나고 꽃에는 약성이 더 많은 것으로 알려져 있다.

흑색은 검정색, 현색, 담흑에서 회색까지를 그 범주에 포함시킨다. 흑색은 오행으로는 수행(水行)이며 계절로는 겨울, 방위로는 북쪽이며 미각으로는 짠맛이다. 흑색계열 꽃으로는 구기자꽃, 매발톱, 제비꽃, 엉겅퀴, 맥문동, 닭의장풀꽃, 등꽃, 으름꽃 등이 있다. 이 꽃의 푸른 보랏빛이 활성산소를 제거하고 신장의 기운을 북돋운다.

국화

해는 저만큼 물러서고
들판에 떨어져 남은 낟알들 위에
서리 하얗게 내리고
굴참나무 숲은
그 많은 잎을 다 쏟아내고 있다.
하루하루 도토리 여물고
하루하루 강물 차가워질 때
살아있음의 절정에 닿는
가을꽃 국화
땅의 열기 식도록
향기 담고 있다가
사람들 무채색의 시간을 덮으며
한 뼘씩 점령한다
남아 있는 날들을 물들인다.

— 안경원

제20장

○

국화

봄과 여름에는 화사한 꽃들이 앞다투어 피지만 찬 기운이 감돌기 시작하는 가을
에 피는 꽃은 손으로 꼽을 정도다. 노란 국화꽃은 가을을 대표하는 꽃이면서 한 해
의 마지막으로 피는 꽃이다. 국화는 땅 위에 빛을 뿌리는 해를 상징해서 '동쪽의 꽃'
이라고도 불리우며 서리를 맞고도 시들지 않는 강한 생명력으로 '불멸의 꽃'이라고
도 한다. 삼월 삼짇날에는 진달래화전을 먹고 음력 9월 9일 중양절에는 진달래화
전처럼 국화화전을 부쳐 먹었다. 봄을 대표하는 꽃이 진달래요, 가을을 대표하는
꽃이 국화라고 할 수 있다. 꽃의 짧은 생명력을 '화무십일홍(花無十日紅)'이라 하여
허무함과 덧없음을 빗댄 말이지만 가을 한철 내내 삭막해진 뜰을 지키는 국화는
소나무와 더불어 의리를 상징한다. 선비들은 국화가 빛은 반딧불처럼 맑고 깨끗하
며, 향은 차갑고 향기로운 꽃이라며 국화를 칭송하였다. 찬 서리와 눈 속에서도 강
한 생명력을 지닌 국화는 불로장수를 상징하여 서너 살 정도 여자아이들의 종종머
리에 사용되는 배씨 댕기와 여인들의 가락지, 신발, 뒤꽂이 등에 국화문양이 많이
새겨졌다.

말린 국화를 넣은 베개를 향침(香枕)이라 하여 향기 치료(aroma therapy)의 개념으로 국
화를 이용하였다.

❋ **감국(甘菊)의 효능**

해열, 진정, 해독, 소종 등의 효능이 있어 감기로 인한 발열, 폐렴, 기관지염, 두통, 현기증, 고혈압, 위염, 장염,
구내염, 임파선염 등에 좋다. 그 밖에 눈이 붉게 충혈되거나 악성 종기, 피부의 지방선이나 땀구멍으로 화농균
이 침입하여 생기는 부스럼 등의 치료에도 쓰인다.

절기음식, 국화화전(화고)

〈정조지〉 권7 절식지류(節食之類), 중구절식(重九節食) 국화고방(菊花糕方)

〈정조지〉에 소개된 절기음식 중 꽃을 사용한 음식에는 제비가 돌아온다는 중삼절(음력 3월 3일)의 진달래화전과 제비가 돌아간다는 중구절(9월 9일)의 국화화전이 있다. 오는 봄을 맞이하는 설레임과 반가움이 진달래화전에 담겼다면 국화화전에는 왠지 쓸쓸함과 아쉬움이 담겨 있다.

국화화전이나 진달래화전은 유전병으로 기름에 지진 찹쌀선병 위에 꽃을 얹어 내는 비교적 간단한 떡이지만 절식편에 소개된 두 화전의 만드는 방법은 사뭇 다르다. 당귀가루나 대추즙을 찹쌀반죽에 섞어 지진 다음 꿀을 넣은 팥소를 싸면 막 피려는 꽃과 같다고 하였다. 흰 찹쌀을 바탕으로 꽃이 뽐내 듯 앉아 있는 화전만을 알던 터라 서유구 선생의 제안은 낯설기 그지없다. 화전에 웬 당귀와 대추즙이라는 거지? 국화화전과는 거리가 있지만 향기로운 당귀가루와 달큰한 대추즙에 달콤한 팥소까지 들어갔으니 귀한 맛이 탄생할 것이지만 아무래도 화전이라고 볼 수는 없을 것이다.

국화를 찧어서 노랑물을 들이고 당귀로는 짙은 녹색의 그리고 대추로는 어두운 붉은빛의 물을 들인 반죽을 지진 다음 팥소를 꽃심처럼 넣어서 쌌더니 생각지도 않은 온갖 색의 국화가 피어나기 시작한다. 노란 국화꽃이 올라간 동그란 국화화전만 그려져 있던 내 머릿속에 상쾌한 바람이 분다. 대추와 당귀라는 가을의 식재료로 국화화전을 빚은 선생의 재치가 감탄스럽다.

* 절기음식은 설날, 중화절, 중삼절, 단오절, 유두절, 추석, 중구절 등의 절기에 맞게 만들어 먹는 음식으로 계절마다 다르게 생산되는 식재료에 의미를 부여해 각 계절에 맞는 특별한 음식을 만들어 먹는 풍속이 자연스럽게 생겨났다.

재료 국화 20송이, 찹쌀가루 200g, 뜨거운 물 4ml, 소금 2.5g, 대추즙 1T, 당귀가루 1T, 팥가루 1/2컵, 꿀 1T, 기름 3T

만드는 방법
고운 찹쌀가루를 익반죽하여 상수리알 크기로 뭉친 다음 기름을 두른 팬에 납작하게 누르면서 지지는데 한쪽에 국화꽃을 올린다.
또 다른 방법은 찹쌀가루에 각각 당귀가루와 대추즙을 섞어 반죽한 다음 지져 팥소를 넣고 싼 다음 꿀로 즙청한다.

국화차 菊花茶 1

〈정조지〉 권3 음청지류(飮淸之類), 국화차방(菊花茶方)

아침 이슬을 머금은 국화를 채취하여 소금에 절인 매실을 더하고 소금물에 절여 7~8개월 보관한 다음 여름에 가루차와 함께 마시는 차가 국화차이다. 국화차와 가루차의 양에 따라서 국화가 주장이 되거나 가루차가 주장이 되기도 한다. 이슬을 맞은 국화와 한낮에 딴 국화와의 차이는 무엇일까? 이슬을 맞은 이른 아침의 국화는 신선하기도 하지만 향이 더욱 강하다. 햇살이 강해지기 시작하면서 국화의 향은 가을 햇살과 바람에 멀리 퍼져 나가서인지 아침녘의 향보다 덜 하다. 해가 지기 시작하자 국화향이 그윽하고 진해진다. 국화의 여러 품종 중에서 차로 가장 적합한 국화는 단맛이 나는 감국이다.

소금물에 적셔진 채 옹기항아리에 담긴 국화와 매실이 유난히 함초롬하여 국화차에 대한 기대가 커진다. 7개월 뒤 헤어질 때의 모습을 그대로 간직한 국화와 매실을 만났다. 봄에 만나는 가을에 들뜬 기분이 가라앉는다. 백매와 함께 바닷물에 잠겨긴 겨울을 보냈던 국화차의 맛은 깊고 그윽하고 담백하다. 참으로 오묘한 맛이다.

재료 아침 이슬을 머금은 감국 500송이, 백매 4개, 소금물 600ml, 녹차가루
도구 와관

만드는 방법
감국의 가지와 줄기를 제거해 꽃만 정리해 두고 와관에 백매 2개를 앉힌다.
감국을 와관에 채우고 백매를 2개 올린다. 와관 안에 소금물을 가득 채우고 밀봉하여 보관했다가 다음해 6~7월에 먹는데 먹을 때에는 깨끗한 물에 소금기를 씻어버린다.
녹차가루와 함께 주발에 담아 끓는 물을 부어 마신다.

국화차 菊花茶 2

〈정조지〉 권3 음청지류(飮淸之類), 국화차방(菊花茶方)

햇볕에 말린 감국을 물에 넣고 우려서 차로 만드는 방법이다. 차를 끓이는 방법은 차를 뜨거운 물로 우려내는 팽다법(烹茶法), 말차에 숙수(熟水)를 부어 휘젓는 점다법(點茶法), 차에 물을 넣어 끓이는 자다법(煮茶法)이 있다. 국화차를 팽다법으로 우린 것을 국탕(菊湯)이라고 한다. 감국이 가슴에 있는 열을 내리는 효능이 있어 겨울보다는 여름에 더 적합한 차다.

국탕은 국화의 효능을 가장 손쉽게 취할 수 있는 방법이다. 그냥 생으로 말리는 것보다는 찜기에 찌거나 소금을 넣은 물에 살짝 데친 다음 은은한 가을볕에 말리면 부드러운 맛의 국화차를 마실 수 있다. 앞장에서 나온 국화차방을 응용하여 국화를 찌면서 좋은 소금을 국화에 뿌려서 말렸다. 국화의 색도 훨씬 고울 뿐만 아니라 국화 특유의 풍미가 잘 드러난 국화차가 얻어졌다. 서유구 선생의 독창적인 조리법을 다른 음식에 접목시켜 새로운 음식을 창조하는 것이 〈정조지〉 복원의 진정한 가치가 아닐까 생각해 본다.

* 팽다법으로 국화차를 만들 때에는 반드시 팔팔 끓는 뜨거운 물을 부어야 국화 봉오리가 활짝 피어난다.

재료 말린 감국 3개, 뜨거운 물

만드는 방법

물을 찻주전자에 끓여 찻잔에 붓는다. 찻잔이 따뜻해지면 물을 버리고 찻잔의 물기를 제거한다.

말린 감국 2~3송이를 찻잔에 넣고 100도의 물을 찻잔에 붓는다. 감국의 맛과 향이 우러나면 마신다.

국화차 菊花茶 3

〈정조지〉 권3 음청지류(飮淸之類), 국화차방(菊花茶方)

활짝 핀 국화를 꿀에 촉촉하게 절인 뒤, 녹두가루를 묻혀서 끓는 물에 데친 다음 꿀
물에 띄워 먹는 꽃차다. 진달래를 녹두가루에 묻힌 다음 물에 데쳐 오미자탕에 넣어
먹는 화면방과 조리법이 같지만 분류체계는 다르다.

진달래꽃은 '면음식'으로, 국화꽃은 음료편의 '차'로 분류한 서유구 선생의 뜻이 있을
것 같아 진달래와 국화를 비교해 본다. 진달래꽃은 꽃잎이 얇고 부드러워 녹두가루
가 잘 흡착되어 꽃보다는 녹말가루가 강조가 되지만 국화는 꽃의 중심이 두껍고 꽃
잎이 두툼해서 녹두녹말이 잘 달라붙지 않아 꽃이 중심이 된다. 그래서 진달래는 면
으로 국화는 차로 분류한 것 같다. 선생도 〈정조지〉를 쓰면서 어떤 체계로 분류해야
할지 고민스러웠을 것이다. 꽃의 특성과 조리된 모습에 따라 면으로도 차로도 분류
하였다는 점에서 과학적인 사고체계를 가졌던 선생의 모습을 떠올리게 된다.

재료 활짝 핀 국화 10송이, 녹두가루 50g, 꿀 50ml, 물 250ml

만드는 방법

활짝 핀 국화를 따서 깨끗이 씻어 국화의 푸른 꽃받침을 제거한다. 국화를 꿀에 담갔다가 꿀에 적셔진 국화에
녹두가루를 묻힌다. 녹두가루 묻은 국화를 끓는 물에 데쳐 꿀물에 띄운다.

국화차 菊花茶 4

〈정조지〉 권3 음청지류(飮淸之類), 국화차방(菊花茶方)

말린 국화, 녹차, 구기자, 검은깨를 함께 갈아서 연유와 소금을 섞어 마시는 영양만점의 장수 국화차다. 개성이 강한 각각의 재료를 한번에 찻잔에 담을 발상을 하였는지 '차는 맑다' 라는 생각에서 벗어나자 다양한 차의 조합이 떠오른다. 녹차와 말린 국화, 구기자는 차로 많이 즐기지만 여기에 지방이 풍부한 검은깨를 넣어 담백한 차에 부드러움과 고소함을 더하고 풍미가 달콤한 연유까지 합해져 더 이상 부드럽고 더 이상 고소할 수 없는 국화차를 만들었다. 특히, 차에 소금을 더한 것이 이 차의 화룡점정(畵龍點睛)이라 할 수 있다. 소금은 개성이 다른 음식의 맛에 조화를 이루어 줄 뿐만 아니라 각각의 맛을 살려준다. 요즘 다양한 맛과 효능을 즐기려는 소비자의 욕구에 맞추어 녹차, 꽃차, 허브를 섞은 블렌딩 차가 인기를 끌고 있는데 서유구 선생의 국화차에서 차의 다양한 변화와 더불어 에너지 음료로서의 차의 가능성을 보았다. 구기자국화차가 정신을 맑게 하면서 현대인에게 힘찬 기운까지 북돋워 준다면 더없이 좋을 것 같다.

재료 말린 국화 40g, 구기자 160g, 작설차 200g, 검은깨 300g, 연유 30ml, 소금 조금

만드는 방법

말린 국화, 구기자, 작설차, 검은깨를 합해서 가루 낸 후 고운체로 친다.

찻잔에 가루 한 숟가락을 넣고 연유와 소금을 넣어 가볍게 섞어 준 다음 뜨거운 물을 찻잔에 붓고 저어준다.

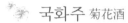

국화주 菊花酒

〈정조지〉 권7 온배지류(醞醅之類), 국화주방(菊花酒方)

《조선셰프 서유구의 꽃음식 이야기》는 봄의 시작을 알리는 매화죽에서 시작하여 이제 한 해를 마무리하는 국화주로 막을 내린다. 이 국화주는 국화의 향기를 취하는 술이라고 앞서 밝힌다. 〈보양지〉의 '국화주'가 약성에 무게를 두었다면 〈정조지〉의 국화주는 향기를 즐기기 위한 속성으로 만드는 국화주다. 만드는 법 또한 간단하다. 발효된 밑술에 국화를 골고루 섞어서 다음날 짜서 마시면 된다. 하루저녁에 국화의 약성은 충분히 우러나오지 않지만 향기는 장기간 발효한 국화주보다 강하다. 감국은 산국에 비해서 단맛이 있기 때문에 단기 숙성주로 적합하다. 〈정조지〉의 국화주를 접하는 순간 술 빚기에 가졌던 두려움과 거리감이 일순간에 사라진다. 물푸레나무, 난초, 장미도 이와 같이 담그면 술을 빚을 수 있다고 하였으니 자신감까지 생긴다. 꽃의 양을 조절하면 향기의 강도도 조절할 수 있다. 국화주는 누구나 담글 수 있는 술이다.

재료 감국 300g, 찹쌀 2kg, 누룩 600g, 물 4L

만드는 방법

찹쌀을 백세하여 고두밥을 쪄서 차게 식히고 물은 팔팔 끓여서 식혀 둔다.

밤알 크기로 잘게 부순 누룩을 고두밥에 넣고 비벼서 섞은 다음 끓여서 식힌 물을 붓고 손바닥으로 압착하여 누룩과 쌀이 잘 섞이도록 한다.

항아리에 담고 밀봉하여 따뜻하게 싸 두었다가 3~4일 후 밑술이 발효되면 감국을 넣고 골고루 섞어 준다.

다음날 아침 일찍 술을 거른다.

국화꽃으로 훈제한 오리고기

재료 말린 국화꽃 1컵, 토막 낸 오리고기 1/2마리, 후추 1t, 말린 오렌지껍질 1/4컵, 팔각 10g, 청주 50ml, 간장 1T, 소금 1/2T, 생강 작은것 한톨, 오향가루 1t

만드는 방법

오리고기는 청주, 생강, 소금, 오향가루를 발라 하루저녁 재웠다가 물로 가볍게 씻고 키친타올로 물기를 제거한다. 우묵한 냄비에 달군 숯을 담고 말린 국화꽃, 팔각, 말린 오렌지껍질, 후추를 섞어 숯 위에 올린다. 냄비에 석쇠를 걸친 다음 오리고기를 평평하게 펴서 올리고 말린 국화 10송이 정도를 오리고기에 올려준다.

오리고기가 노릇해지면 국화 향이 오리고기에 배도록 뚜껑을 덮는데 산소가 통하고 오리고기의 수분이 날아가도록 통로를 확보한다.

말린 국화꽃을 묻힌 경단

재료 말린 국화꽃 30송이, 찹쌀가루 300g, 꿀 1/3컵, 설탕 1T, 소금 4g, 끓인 물 1컵

만드는 방법

말린 국화꽃은 꽃받침에서 꽃잎을 분리해 두고 뜨거운 물에 설탕과 소금을 녹인다.

찹쌀가루에 설탕과 소금을 녹인 뜨거운 물을 붓고 익반죽을 하는데 물은 반죽의 상태를 보면서 더 해준다. 찹쌀 반죽을 손으로 치대 반죽을 20~25g 정도 떼어서 동그랗게 경단을 만들어 팔팔 끓는 물에 넣어 익힌다.

경단이 익어서 떠오르면 건져서 얼음물에 1분 정도 담가 두었다가 꺼내 꿀을 바른다.

국화잎을 쟁반에 깔고 경단을 굴려서 국화잎을 묻힌다.

✳ 국화꽃으로 훈제한 오리고기

불포화지방산이 풍부한 오리고기에 국화의 향을 입혔다. '국화 향기에 빠진 오리고기'는 어떤 모습일지 궁금하다. 오리고기에 청주, 생강, 오향가루를 발라 하루저녁 재운 뒤 물로 가볍게 씻어낸다. 우묵한 냄비에 불에 달군 숯을 담고 말린 국화꽃, 팔각, 말린 오렌지껍질, 후추를 섞어서 숯 위에 올린다. 냄비에 석쇠를 올리고 그 위에 오리고기를 골고루 펴서 구우면 국화 향이 고기에 배이면서 오리고기가 훈제된다.

훈제된 오리고기를 찐 다음 팬에 굽기까지 세 가지 조리법이 동원되기는 하지만 정성이 들어간 만큼 기름기는 쏙 빠지고 국화 향이 살짝 나는 오리고기의 맛이 뛰어나다. 오리고기를 먹고 난 뒤의 느끼함을 데친 감국 한 송이를 초간장에 찍어 먹는 것으로 해결한다.

* 오리고기를 좀 더 바삭하게 익히고 싶으면 숯불에 구운 오리고기를 팬에 올려 중강불에서 익혀 주면 기름기가 빠진 담백한 오리고기가 된다.

✳ 말린 국화꽃을 묻힌 경단

국화꽃은 말려서 뜨거운 물에 우려 차로 마시거나 술로 담가 향과 약성만을 추출하여 마신다. 국화는 향이 강해서 꽃 자체를 생으로 먹는 것보다는 고수, 타라곤, 로즈메리, 딜처럼 허브로 생각하고 음식에 섬세하게 사용하면 좋은 결과를 얻을 수 있다.

국화차, 국화로 훈제한 오리고기 등이 국화의 모습을 살려 음식에 담지 못하는 것이 아쉬워 국화의 노란색을 살린 꽃음식을 만들어본다. 일본에서는 입맛을 정리하고 입안을 상쾌하게 하기 위해 국화를 데쳐서 식사 끝에 후식의 개념으로 먹는다는 데 착안하여 말린 국화잎을 묻힌 국화꽃 경단을 만들었다. 콩가루, 흑임자가루 등의 곡물가루를 바르는 것보다 훨씬 더 쉽게 국화꽃 경단이 만들어진다. 경단 안에는 팥소를 넣어도 좋고 넣지 않아도 좋다. 국화잎을 경단에 묻히기 전에 경단을 꿀에 담갔다가 바르기도 하는데 시간이 지나면 깔끔하지 않으므로 먹을 때 꿀을 뿌리거나 찍어 먹는 것이 훨씬 낫다.

(15)

감국과 산국의 구별법

감국과 산국은 우리의 토종 국화로 허브 식물 중의 하나이다. 단맛이 있는 감국과 산에 피는 산국을 혼동하지만 감국과 산국은 다르다.

감국은 백 원짜리 동전 크기로 꽃이 엉성하여 허전한 느낌을 준다. 줄기가 자줏빛이고 약간 누워서 비스듬히 자라고 꽃이 성글게 달려 있다.

산국은 오십 원짜리 동전 크기로 꽃이 빡빡하고 뭉쳐서 덩어리로 피는데 줄기가 녹색으로 곧추서서 자란다.

잎을 비교해 보면 감국은 매끈하고 약간의 광택이 있다. 산국은 잎끝에 가시가 달려 있고 푸른색 잎에 흰 털이 있어 전체적으로 하얗게 보인다. 감국은 반그늘을 좋아하고 향이 약하며 양지를 좋아하는 산국은 향이 강하다.

이름처럼 감국은 단맛이 있고 산국은 쓴맛이 강하다. 둘 다 약재와 차로 쓰이지만 산국이 염증을 가라앉히는 소종(消腫) 작용이 더 뛰어나다.

에필로그

《조선셰프 서유구의 꽃음식 이야기》는 주인공인 꽃에 대해서 잘 모른다는 두려움에서 시작되었다. 매란국죽(梅蘭菊竹)의 맨 앞에 선 꽃으로 《조선셰프 서유구의 꽃음식 이야기》에 제일 먼저 등장하는 매화는 고매한 인품을 상징하여 선비의 꽃이라고 알고는 있었지만 매화를 본 기억이 없다. 매화가 익숙하게 느껴지는 것은 손수건에 새겨진 수와 부채에 그려진 매화 그림 때문이다. 이것도 사실은 매화가 아니라 복숭아꽃이나 벚꽃일지도 모른다.

더구나 향기는 맡아 본 적도 없다. 괜스레 주입식 교육 탓을 해보기도 한다. 매화꽃 아래서 "자~ 매화꽃 향기를 맡아 보아요!" 라거나 적어도 꽃병에 담긴 매화라도 보여 주면서 선비의 정신과 매화를 논하는 것이 옳은 교육이라는 생각도 들었지만 이미 늦었다.

꽃음식을 만들기 위해 꽃을 좇으면서 비로소 꽃을 모르는 이유를 알게 되었다. 꽃이 피기 시작하는 삼월은 새 학년이 시작되어 불안과 긴장 속에서 지내므로 꽃이 눈에 들어올 수가 없고 봄꽃이 정신없이 피어나는 사월은 중간고사 시험에 대한 부담으로 우그러져 있어 내 눈에는 꽃이 들어오지 않았던 것이다. 내가 아는 꽃에 대한 지식은 초등학교 시절 수준에서 멈추어 있었다.

꽃을 사랑한다고 하지만 대부분 장미, 채송화, 봉선화, 나팔꽃, 국화, 개나리, 샐비어, 해바라기, 등꽃, 코스모스 등을 불러주는 것에서 멈춘다. 곰곰이 생각해봐야 겨우 달리아나 맨드라미 정도를 더할 뿐이다. 매화나 벚꽃은 안다고 하지만 살구꽃, 사과꽃, 복숭아꽃과 섞어 놓으면 구분하지 못하니 정확하게 말하면 모르는 것이다. "꽃의 이름을 모르면 어떠냐? 꽃을 그냥 꽃이라고 불러주면 되지."라는 것이 잘못된 생각이라는 것을 꽃의 이름을 하나씩 익히게 되면서 깨닫게 되었다.

그냥 꽃이라고 불렸을 '원추리'가 훤초, 망우초, 금침채라는 다양한 이름으로 불린 다는 것을 알게 되고 이명(異名) 하나하나가 큰 의미가 되어 다가왔다. 더불어 꽃, 특히 우리 토종꽃에 대해서 무지했던 시간들이 후회스러웠다.

꽃음식의 시작은 꽃 이름을 알고 꽃을 익히는 것에서 시작되었다. 아득하던 매화, 더 아득하던 원추리, 부용화 등을 알게 되었고 멀리서만 바라보던 연꽃도 《조선셰 프 서유구의 꽃음식 이야기》를 통하여 다가왔다.

꽃을 만나고 이름을 익히는 과정이 끝나고 꽃음식을 만들기 시작하였는데 꽃도 오 이나 당근, 고기처럼 식재라는 생각이 자꾸만 머리 속에서 지워지는 것이 의외의 복병이었다. 반복해서 꽃음식을 만들고 먹어 보면서 인식이 바뀌게 되었지만 식재 료로서의 꽃에 대한 서먹함은 꽃음식을 만드는 사람이면 누구나 초기에 겪는 고 충일 것이다.

《조선셰프 서유구의 꽃음식 이야기》를 쓰기 전에 다양한 꽃음식을 개발하여 마 을 주민들에게 교육시킨 일이 있었다. 팬지, 베고니아, 장미 등 식용 꽃 전문점에서 구입한 화려한 꽃으로 꽃의 아름다움을 손상시키지 않고 만든 꽃음식은 탄성을 짓게 하지만 자연스럽지 않고 어색하다는 생각이 들기 시작하였다. 〈정조지〉 속의 꽃음식을 대해 알게 되면서 꽃음식에 대해 가졌던 묘한 어색함은 뿌리가 없는 꽃 음식을 만든다는 불편함이라는 것을 알게 되었다.

외국의 요리사들이 만드는 꽃음식을 흉내내고 꽃을 뿌리고 꽃을 더하기만 하는 조리법을 흉내내던 나에게 〈정조지〉 속의 꽃음식은 새로운 꽃음식의 신세계로 나 를 안내하였다.

〈정조지〉의 꽃 조리법에는 식재로서의 꽃의 가치에 더 집중하고 있어 꽃음식의 향 기와 식감에 대해서 자세히 설명하고 있다. 특히, 원래 꽃이 가진 색이 음식과 합해 지면서 만들어진 색채에 대해서 시인들의 감상평이나 고사를 곁들여서 표현한 점 도 꽃음식의 가치를 높이는 역할을 톡톡히 하고 있다.

벽간갱은 미나리의 푸른빛을 산골마을을 흐르는 푸른 시내에 비유하였고, 설하갱에서는 진분홍 부용화로 물들인 두부를 겨울 저녁 눈 그친 후의 저녁 빛이라고 하여 한 폭의 수채화가 눈 앞에 절로 그려지게 한다. 녹봉으로 받은 쌀은 노루 어금니 같이 생긴 벼이고 채마밭의 채소로는 오리발 같이 생긴 접시꽃이라 한 대목에서는 가난한 선비의 해학과 여유가 느껴진다.

〈정조지〉에 담긴 꽃음식은 계절음식으로서 뿐만 아니라 계절을 초월하여 꽃의 향기와 아름다움을 즐기고자 하는 선인들의 욕심과 생명을 이어주는 식량인 꽃의 무게감이 예사롭지 않은 꽃음식에 담겨 있었다. 꽃을 절이고 볶고, 데치고, 삶는 〈정조지〉의 과감한 꽃 조리법에 꽃의 향기와 아름다움이 손상되지 않을까 의문이 앞섰지만 이는 모두 나의 기우에 불과하다는 것을 알게 되었다. 꽃이 삶기고 절여지면서 또다른 아름다움을 갖게 되고 이를 바탕으로 다양한 꽃음식이 만들어지게 된다.

《조선셰프 서유구의 꽃음식 이야기》를 쓰면서 얻은 가장 큰 수확은 〈정조지〉의 꽃음식에 등장한 토종꽃이 식재료로서의 가치를 검증받았다는 것이다. 꽃을 식용하는 것에 대해 거부감을 갖는 이유 중의 하나가 꽃이 가지고 있는 독성에 대한 우려다. 화려한 색감을 가진 식물에 독이 있다는 인식이 꽃을 먹는 것에 두려움을 갖게 한다. 원추리는 화려한 색감만으로 독을 품고 있을 것 같아 의심의 눈으로 바라보기 좋은 꽃이다. 화려한 원추리가 알레르기를 유발하거나 먹으면 독성 물질로 인해 죽는 것 아닌가 하는 두려운 마음을 갖게 한다.

〈정조지〉를 통해서 원추리꽃이 긴 세월동안 식용 꽃으로 이용되었다는 것을 알게 되면서 화려한 원추리꽃의 식용에 대한 두려움이 완전히 사라졌다. 원추리꽃뿐 아니라 접시꽃, 맨드라미, 부용화, 치자꽃 등도 오랜 세월 많은 사람들이 먹어왔다는 것을 알게 되었다.

《조선셰프 서유구의 꽃음식 이야기》를 쓰는 동안 나는 호들갑스러운 사람이 되어 있었다. 소녀 시절에 읽었던 헤르만 헤세의 《지와 사랑》의 두 남자 주인공 중의 하나인 골트문트가 떠올랐다. 수도원을 나온 골트문트는 만나는 여인들과 너무나 쉽게 사랑에 빠져든다.

만나는 꽃마다 아름다움을 칭송하면서 골트문트의 마음을 이해하게 되었다.

"세상에서 가장 향기롭고 아름다운 꽃은 매화야! 매화를 따던 순간이 내 인생에서 가장 행복한 시간이었어."

"해당화는 이름도 예뻐~ 자기가 예쁜 줄 알고 보호하려고 가시가 있고 …."

"세상에~ 이게 원추리꽃이라고? 세상에서 가장 고운 주홍빛이야! 은근히 고혹적이네."

매화를 보고 난 뒤에는 해당화가, 해당화를 본 뒤에는 원추리가, 원추리를 본 뒤에는 접시꽃이, 접시꽃을 본 뒤에는 홍화꽃이, 홍화꽃을 본 뒤에는 참깨꽃이… 매순간 내가 보고 있는 꽃이 가장 아름다운 꽃이었다. 처음에는 내 말에 고개를 끄떡이며 한마디씩 거들던 사람들도 나의 변덕과 호들갑에 질렸는지 점점 등을 돌리는 것을 느낀다. 늦바람이 무섭다더니 나의 꽃바람은 멈출 줄을 몰랐다. 길가의 쓰레기도 꽃으로 보여 달려가기도 한 적이 몇 번인지 모른다.

해풍에 나비처럼 춤을 추던 서해의 해당화, 치자 향기가 바람에 날리던 남해의 어느 마을, 지리산 자락을 바라보며 매화를 따던 날의 향기, 파란 하늘과 흰 구름을 배경으로 언덕에 피어 있던 원추리… 꽃이 피어 있던 아름다운 풍광을 떠올리며 꽃음식을 만든다. 직접 꽃의 고장을 방문하지 않고 꽃음식을 만들었다면 조금은 무덤덤한 마음으로 꽃음식을 만들었을 것이다.

꽃은 오랜 기간 우리와 함께 희로애락을 나누었는데 〈정조지〉의 꽃음식에 사용된 꽃들은 더욱 그렇다. 우리는 꽃에 담긴 상징성에 의미를 두어 많은 전설과 신화를 만들었고 꽃은 다른 식물보다 적극적으로 인간을 그려낸다. 그래서인지 〈정조지〉의 꽃음식에는 아름다운 꽃과 곁들여진 우리의 아름다운 문화가 살아 숨쉬고 있음을 느끼게 된다. 〈정조지〉 속의 꽃음식을 복원하던 시간은 꽃의 아름다움에 빠져들었던 시간이기도 하였지만 자연이 인간에게 허락한 경이로운 선물인 꽃을 음식에 담아낸다는 부담에서 벗어나지 못하던 시간이기도 하였다. 무지개를 찾아서 길을 떠난 사람처럼 막막한 심정이었던 적이 한두 번이 아니었다. 날씨에 따라 개화 시기가 매년 달라지는 꽃을 추적하고 일일이 주인을 찾아 허락을 받고 채취하는 일도 만만치가 않았지만 가지고 오는 동안에 어렵게 구한 꽃이 고운 모습을 잃어버리면 다시 일 년을 기다려야 만날 수 있다는 절망감에 하늘이 무너지는 듯 암담하기도 하였다.

이제 기다림과 초조 속에 살았던 시간을 아쉬움 속에서 마무리한다. 〈정조지〉의 꽃음식 복원 결과가 전통 꽃음식의 발전과 서유구 선생을 세상에 알리는 데 도움이 되기를 바란다. 한식에 담긴 맛과 이야기를 통해서 우리의 문화를 널리 알리는 일이 숙제가 된 지금 〈정조지〉 속의 아름다운 꽃음식의 가치는 이루 다 헤아릴 수 없다고 생각한다.

우리의 진달래화전에는 우리가 들려주고 싶은 아름답고 고운 이야기가 담겨 있다. 진달래화전처럼 우리를 잘 그려낼 수 있는 음식에는 무엇이 있을까?《조선셰프 서유구의 꽃음식 이야기》에 그 답이 있다. 〈정조지〉 속의 꽃음식들이《조선셰프 서유구의 꽃음식 이야기》라는 고운 옷을 차려입고 사뿐히 걸어오고 있다. 무르익은 아카시아꽃 향기가 5월의 저녁 바람에 실려 온다. 곧 상앗빛 치자꽃이 피고 황금빛 원추리가 여기저기 피어날 것이다.

매죽(梅粥, 매화죽) 쑤기(매죽방)

떨어진 매화를 깨끗하게 씻고 눈 녹은 물로 끓인다. 흰죽이 익으면 여기에 매화 꽃잎을 넣고 함께 끓인다. 양만리(楊萬里)의 시에서 다음과 같이 노래했다.

"겨우 납일(臘日) 후 봄의 풍요로움 보았는데,
수심에 잠겨 바라보니, 바람결이 눈보라를 만들었네.
떨어진 꽃술 거두어 죽 쑤어 먹고,
떨어진 꽃잎 좋아서 향 사르기 알맞네."라 했다.《산가청공(山家淸供)》

梅粥方

梅落英淨洗, 用雪水煮, 候白粥熟, 同煮. 楊誠齋詩云:
"纔看臘後得春饒,
愁見風前作雪飄.
脫蕊收將熬粥吃,
落英仍好當香燒."《山家淸供》

〈정조지〉 권2 취류지류(炊餾之類)

암향탕(暗香湯, 매화탕) 만들기(암향탕방) 1

탕탄매방(湯綻梅方, 뜨거운 물에 매화를 피우는 방법):10월이 지난 뒤에 대나무 칼로 막 피려고 하는 매화 꽃술을 딴 다음 위를 밀랍에 담가 적신다. 이를 술장군 안에 넣어 두었다가 여름에 잔에 담아내 끓는 물을 부어주면 꽃이 바로 피어서 맑은 향기가 사랑스럽다.《산가청공》

暗香湯方①

湯綻梅方:十月後, 用竹刀取欲開梅蕊, 上蘸以蠟. 投尊缶中, 夏月以熱湯就
盞泡之, 花卽綻, 淸香可愛.《山家淸供》

〈정조지〉 권3 음청지류(飮淸之類)

암향탕(暗香湯, 매화탕) 만들기(암향탕방) 2

다른 방법 : 매화가 피려고 할 때 맑은 아침에 반쯤 핀 꽃봉오리를 따다가 꽃받침이 있는 채로 병 속에 둔다. 매화꽃 1냥마다 볶은 소금 1냥을 뿌리는데, 이때 손으로 건드려서 무르게 하면 안 된다. 두꺼운 종이로 여러 겹 밀봉하여 음지에 둔다. 다음해에 쓸 때 먼저 잔 속에 꿀을 담고 나서 꽃을 2~3송이 가져다 놓은 뒤 끓는 물을 한 번 끼얹어 꽃봉오리가 저절로 피면 향과 맛이 뛰어나 평소보다 더 좋다.《다능비사(多能鄙事)》

暗香湯方②

一法 : 梅將開時, 淸朝摘半開花頭, 帶蔕置甁中. 每一兩, 用炒鹽一兩灑之, 不可用手觸壞. 以厚紙數重密封, 置陰處. 次年取時, 先置蜜於盞內, 然後取花二三朶, 滾湯一泡, 花頭自開, 香美異常.《多能鄙事》

〈정조지〉 권3 음청지류(飮淸之類)

지짐떡(유전병) 만들기(유전병방)

유전고(油煎糕)에는 몇 가지 종류가 있다. 그중에 진달래꽃·장미꽃·국화꽃 등을 찹쌀가루와 섞어서 지진 떡을 '화전고(花煎糕)'라 한다. 그중에 밀가루만을 써서 물에 반죽하고 얇게 편 다음 주발 주둥이만 한 크기로 만들어 기름에 지진 것을 '전병(煎餠)'이라 한다. 혹은 찹쌀가루를, 혹은 수수가루를, 혹은 율무가루를 쓰면 형태와 만드는 법이 다소 차이가 나기는 하지만 거의 잔 주둥이만 한 크기이다. 또 팥고물로 소를 만들어 떡으로 만 것도 모두 '전병'이라 한다.《옹치잡지(饔饎雜志)》

油煎餠方

油煎糕有數種, 其用杜鵑、薔薇、菊花等, 拌糯米粉者曰"花煎糕". 其但用小麥麪, 水溲捍薄, 作椀口大, 而油煠者曰"煎餠". 或用糯粉, 或用薥黍粉, 或用薏苡粉, 則形製差小, 菫如盃口大矣. 又有用小豆粉爲餡, 而以餠卷之者, 皆謂之"煎餠"也.《饔饎雜志》

〈정조지〉 권2 취류지류(炊餾之類)

화면(花麪, 진달래국수) 만들기(화면방)

진달래가 필 때 꽃을 따서 꽃받침과 꽃술을 제거한다. 이를 꿀에 살짝 절였다가 녹두가루에 넣어 고르게 섞는다. 이를 끓는 물에 잠시 데친 다음 꺼내서 꿀을 탄 오미자탕에 넣고 상에 올린다.《옹치잡지》

花麪方

杜鵑花開時, 取花瓣去蒂鬚. 略漬以蜜, 拖綠豆粉中拌均, 沸湯內暫瀹之, 取出以蜜調五味子湯, 供之.《饔饎雜志》

〈정조지〉 권2 취류지류(炊餾之類)

운대(蕓薹, 유채) 볕에 말리기(쇄운대방)

춘분(春分)이 지난 뒤에 운대의 꽃을 채취한다. 양에 관계없이 끓는 물에 데친 다음 널어서 물기를 말린다. 소금 약간을 고루 섞어 한참 동안 볕에 말린 뒤, 종이주머니에 갈무리해 둔다. 사용할 때 끓인 물에 담갔다가 기름·소금·생강·식초를 섞어 먹는다.《군방보(群芳譜)》

曬蕓薹方

春分後, 摘蕓菜花, 不拘多少, 沸湯焯過, 控乾. 少用鹽拌均, 良久曬乾, 以紙袋收貯. 臨用湯浸, 油、鹽、薑、醋拌食.《群芳譜》

〈정조지〉 권4 교여지류(咬茹之類)

도화주(桃花酒) 빚기(도화주방)

1월에 곱게 찧은 멥쌀 2.5두를 100번 씻어 가루 낸다. 흐르는 물 2.5두를 팔팔 끓여 고루 섞는다. 식으면 여기에 누룩가루와 밀가루 각 0.1두를 섞어 독에 넣는다.
복숭아꽃이 성한 계절이 되면 술독을 연다. 다시 멥쌀과 찹쌀 각 3두를 씻어 물에 담가 하룻밤 두었다가 합하여 찐다. 여기에 흐르는 물 6두를 팔팔 끓여 식힌 뒤에 고루 섞어 준다. 또 밥이 식으면 복숭아꽃 0.2두를 먼저 독 바닥에 넣고 앞에서 빚은 술을 섞어 넣는다. 복숭아꽃 2~3가지를 그 가운데에 꽂아 놓는다. 익으면 술주자에 올려 술을 짠다. 【다른 방법으로는 "처음 빚을 때 물 0.5두를 줄이고 합쳐서 빚을 때도 물 0.3~0.4두를 줄이면 맛이 더욱 좋다. 늘 차가운 곳에 두고 익기를 기다린다."라 했다】《문견방(聞見方)》

桃花酒方

元月將精鑿粳米二斗五升百洗, 作末. 活水二斗五升湯沸, 和均, 候冷. 調麴末、眞麰各一升, 入甕.

待桃花盛開, 復以粳米、糯米各三斗, 洗浸經宿, 合烝. 活水六斗湯沸, 候冷, 均調. 又待飯冷, 取桃花二升, 先納甕底, 并前釀和入. 桃花二三枝揷其中. 待熟, 上槽.

【一云: "初釀減水五升, 合釀減三四升, 味尤佳. 常置寒冷處, 待熟."】《聞見方》

〈정조지〉 권7 온배지류(醞醅之類)

송황다식(松黃茶食, 송홧가루다식) 만들기(송황다식방)

송화는 피었는가 싶으면 바로 꽃가루가 날려 떨어지므로 거두기가 어렵다. 그러니 막 피려고 할 때를 기다렸다가 가지째째로 꺾어 깨끗한 자리 위에 펴서 볕에 말린다. 저절로 떨어지는 꽃을 취하고 수비(水飛)한 뒤 볕에 말렸다가 꿀에 반죽하여 위와 같은 방법으로 찍어낸다.《증보산림경제(增補山林經濟)》

임홍(林洪)의《산가청공(山家淸供)》에서 다음과 같이 말했다. "한가할 때 진평사(陳評事)를 방문하였다. 한 잔 하고 있는데, 아이 둘이 나와서는 도잠(陶潛)의 〈귀거래사(歸去來辭)〉를 부르며 송황병(松黃餠, 송화다식)을 안주로 내오니 사람으로 하여금 시원하게 산림의 흥취를 일으키게 했다. 봄이 와서 송화가 누렇게 피면 이걸 가지고 떡 모양으로 찍어만든다. 향과 맛뿐만이 아니라 몸에 유익함도 있다."

소공(蘇恭)의《당본초(唐本草)》에도 "송화에는 몸을 가볍게 하고 병을 치료하는 효능이 있어서 껍질이나 잎 및 송진처럼 그 약효가 우수하다."라 했다. 옛날 사람들이 이 송화다식을 귀하고 소중하게 여긴 까닭은 이것이 이와 같이 산림의 고아한 음식으로 상에 올릴 만하기 때문이다. 그러나 송황은 오렵송(五鬣松)의 꽃가루가 좋으니, 색은 약간 더 희고 맑은 향은 2배이다.

우리나라에서는 회양(淮陽)에서 나는 송화가 마땅히 천하제일이다. 꿀로 반죽할 때 설탕 가루를 약간 넣으면 더욱 좋다. 포황(蒲黃)도 이 방법에 따라 만들 수 있다.《옹치잡지》

〈정조지〉 권3 과정지류(菓飣之類)

松黃茶食方

松花開, 旋飛落難收, 待欲開時, 連枝折, 下布淨席上曬之. 取自落花, 水飛曬乾, 蜜溲摸印如上法.《增補山林經濟》

林洪《山家淸供》云："暇日訪陳評事. 留飮, 出二童歌淵明〈歸去來辭〉, 以松黃餠佐酒, 使人灑然起山林之興. 春來松花黃, 摸作餠狀, 不惟香味, 亦有所益."

蘇恭《唐本草》亦稱："其有輕身療病之功, 勝似皮葉及脂." 昔人之珍重此果, 詑爲山林雅供如是矣. 然松黃以五鬛松華爲勝, 色微白, 淸香倍之.

我東淮陽産者, 當爲天下第一也. 蜜溲時, 略入沙糖屑則尤佳. 蒲黃亦可做此法造.《饗饎雜志》

송화주(松花酒) 빚기(송화주방)

3월에 쥐꼬리 같은 송화에서 0.1두를 곱게 꺾어 명주 주머니에 담는다. 백주(白酒)를 빚어 익을 때에 주머니를 술 가운데에 넣고 술독을 우물 안에 3일간 담가두었다가 꺼낸다. 술을 걸러 마시면 그 맛이 맑고 향기로우며 감미롭다.《준생팔전(遵生八牋)》

松花酒方

三月取松花如鼠尾者, 細挫一升, 用絹帒盛之. 造白酒, 熟時, 投帒于酒中心, 井內浸三日取出. 漉酒飮之, 其味淸香甘美.《遵生八牋》

〈정조지〉 권7 온배지류(醞醅之類)

상추 절이기(엄와거방)

상추 100뿌리에 소금 1.25근을 넣고 하룻밤을 절인다. 다음날 아침 일찍 볕에 말려 놓는
다. 원래 절였던 소금물을 끓여 식힌 뒤 여기에 다시 상추를 넣고, 소금물 안에 담근 채
로 볕에 말린다. 이와 같이 2차례 한 다음, 볕에 마른 상추를 단지 안에 거둔다. 따로 매괴
를 써서 사이사이에 섞어 한 단지에 같이 쟁여두면 상추의 맛이 더욱 좋고 향기롭다.《다
능집》

상추 절인 소금물을 여름 동안 보존했다가 그 물에 고기를 삶아 먹으면 오래 지나도 고
기가 상하지 않고 사람에게 최고로 이롭다.《다능집》

상추 잎을 절였다가 꺼내서 볕에 말린다. 이를 여름에 참기름에 섞고 밥에 올려 쪄서 익
히면 밥맛이 최고로 빼어나다. 게다가 뱃속의 여러 기생충을 죽이므로 고기와 같이 삶
아 먹어도 그 효능이 빼어나다.《다능집》

醃萵苣方

萵苣一百根，入鹽一斤四兩，醃一夜. 次早曬起，以原滷煎滾，冷定，復入
萵苣，在內曬乾. 如此二次，曬乾收罈內. 另用玫瑰，間雜同裝一罐，其
味更美而香.《多能集》

醃萵苣滷留存夏月，煮肉吃，經久不壞，最益人. 同上

萵苣葉醃起曬乾，夏月拌麻油，飯上蒸熟，吃飯最妙. 且能殺腹中諸蟲，
合肉煮食亦妙. 同上

〈정조지〉 권4 교여지류(咬茹之類)

담복자(薝蔔鮓, 치자꽃 담금) 만들기(담복자방) 1

4월에 어린 치자꽃을 따서 장아찌를 담그면 매우 향기롭고 맛이 좋다.《구선신은서(臞仙神
隱書)》

薝蔔鮓方①

四月採嫩花作鮓，極香美.《臞仙神隱書》

담복자(薝蔔鮓, 치자꽃 담금) 만들기(담복자방) 2

치자꽃은 반쯤 핀 것을 따서 백반 녹인 물에 데친다. 가늘게 썬 파채·대회향·소회향·화초·홍국·황미반(黃米飯)을 흐물흐물하게 간 것을 넣고 소금과 함께 치자꽃을 고루 섞은 다음 한나절 동안 꼭 눌러서 절였다가 먹는다.《증보도주공서(增補陶朱公書)》

薝蔔鮓方②

梔子花採半開者, 礬水焯過, 入細蔥絲、 大·小茴香、 花椒、 紅麴、 黃米飯研爛, 同鹽拌均, 醃壓半日, 食之.《增補陶朱公書》

〈정조지〉 권4 교여지류(咬茹之類)

황화채(黃花菜, 넘나물) 만들기(황화채방)

황화채(黃花菜)【곧 훤초화(萱草花, 원추리꽃)이며, 민간에서는 광채(廣菜)라고 한다.】가 6~7월에 꽃이 한창 필 때, 꽃술을 제거하고 깨끗한 물에 약간 끓여 1번 끓어오르면 식초를 섞어 먹는다. 입안에 들어가면 선계(仙界)의 맛이 느껴진다. 부드럽고 매끄러우며 탁 트이면서 담박하여 그 맛이 송이보다 뛰어나니, 채소 중에 으뜸이다.
【곤 꽃을 딸 때는 꽃받침을 제거해서는 안 된다.《본초강목(本草綱目)》에 "지금 동쪽 지방 사람들은 그 꽃받침을 딴 뒤 말려서 파는데, 이를 황화채(黃花菜)라 이름한다."라 했다.】
《월사집(月沙集)》

초봄에 여린 싹을 삶아서 국을 끓인다. 데쳐서 초간장을 끼얹어 먹어도 된다.《증보산림경제》

黃花菜方

黃花菜【卽萱草花, 俗名廣菜.】六七月間花方盛, 去花鬚, 淨水微煎一沸, 和醋食之. 入口覺有仙味, 柔滑疏淡, 味勝松茸, 菜中第一也.

【醫 採花, 勿去跗.《本草綱目》云 : "今東人採其花跗, 乾而貨之, 名爲黃花菜."】《月沙集》

春初嫩芽可煮作羹, 亦可煠熟澆醋醬食.《增補山林經濟》

〈정조지〉 권4 교여지류(咬茹之類)

향화숙수(香花熟水, 향기로운 꽃 숙수) 만들기(향화숙수방)

여름에, 향만 있고 독이 없는 꽃을 취한다. 반쯤 핀 꽃을 따서, 끓여 식힌 물에 하룻밤 동안 밀봉한 상태로 담가둔다. 다음날 일찍 꽃을 제거한 뒤, 끓인 물에 향화숙수를 타서 쓴다.《거가필용(居家必用)》

香花熟水方

夏月取但有香無毒之花, 摘半開者, 冷熟水浸一宿密封. 次日早去花, 以湯浸香水用之.《居家必用》

〈정조지〉 권3 음청지류(飮淸之類)

설하갱(雪霞羹, 목부용꽃국) 끓이기(설하갱방)

목부용꽃을 따서 심과 꽃받침을 제거하고 끓는 물에 데쳐서 두부와 같이 삶는다. 목부용의 붉은 기운과 두부의 흰 기운이 뒤섞이면 '눈이 그친 뒤의 노을[雪霽之霞]'처럼 황홀하다고 하여 '설하갱(雪霞羹)'이라 이름한다. 후추와 원추리를 더해도 좋다.《산가청공》

소식(蘇軾)의 두부 만드는 법 : 두부를 파와 기름에 볶는다. 술로 작은 비자나무열매 10~20개를 갈아서 볶은 두부에 넣은 뒤, 간장 양념도 섞어서 함께 끓인다.
또 다른 방법 : 술로만 끓여도 모두 도움이 된다.《산가청공》

雪霞羹方

采芙蓉花去心、蔕, 湯淪之, 同豆腐煮, 紅白交錯, 恍如雪霽之霞, 名"雪霞羹". 加胡椒、萱亦可.《山家淸供》
東坡製豆腐法 : 豆腐蔥、油炒, 用酒研小榧子一二十枚, 和醬料同煮.
又方 : 純以酒煮, 俱有益. 同上

〈정조지〉 권4 교여지류(咬茹之類)

321

연꽃 식초(연화초) 빚기(연화초방)

밀가루 1근, 연꽃 3송이를 곱게 찧은 뒤 물을 섞어 덩어리를 만든다. 이를 종이로 싸서 바람 부는 곳에 걸어 둔다. 1달 뒤에 꺼내서 현미[糙米] 1두를 하룻밤 동안 물에 담갔다가 쪄서 익히고 물 1두로 식초를 빚는다. 종이를 7겹으로 밀봉하고 고정시킨 다음 각 겹마다 '7일(七日)'이라는 글자를 쓴다. 7일마다 1겹씩 제거한다. 49일이 지난 뒤에 개봉하여 용수로 걸러내고 여러 번 끓도록 달이고 나서 거두어 둔다.《제세인술(濟世仁術)》

蓮花醋方

白麪一斤、蓮花三朶, 擣細, 水和成團, 用紙包裹, 掛於風處. 一月後取出, 以糙米一斗水浸一宿, 蒸熟, 用水一斗釀之. 用紙七層密封定, 每層寫"七日"字. 遇七日揭去一層. 至四十九日, 然後開封, 篘出煎數沸收之.《濟世仁術》

〈정조지〉 권6 미료지류(味料之類)

연꽃 누룩(연화국) 만들기(연화국방)

연꽃 3근과 흰 밀가루 9근 6냥과 녹두 3두와 찹쌀 3두【함께 갈아서 가루 낸 것】, 천초 0.5근을 평상시의 방법대로 만들고 밟는다.《준생팔전》

蓮花麴方

蓮花三斤、白麪一百五十兩、綠豆三斗、糯米三斗【俱磨爲末】、川椒八兩, 如常造踏.《遵生八牋》

〈정조지〉 권6 미료지류(味料之類)

만전향주(滿殿香酒) 빚기(만전향주방)

흰 밀가루【100근】, 찹쌀가루【5근】, 목향(木香)【0.5냥】, 백출【10냥】, 백단(白檀)【5냥】, 참외【향긋하게 익은 100개를 껍질과 씨를 제거하고 즙을 짠 것】, 축사·감초·곽향(藿香)【각 5냥】, 백지·정향·광령령향(廣苓苓香)【각 2.5냥】, 연꽃【200송이에서 꼭지를 제거하고 즙을 짠 것】.

위의 9가지 약미를 맷돌로 곱게 가루 낸 뒤, 밀가루 안에 넣고 연꽃즙과 참외즙에 고루 섞고 밟아서 납작한 조각을 만든다. 이를 종이 주머니에 담아 바람이 잘 통하는 곳에 걸어두고 49일이면 쓸 수 있다. 찹쌀 1두마다 누룩 1근을 쓴다. 여름에 독을 덮어두고 겨울에 약간 발효되면 찹쌀로 묽은 죽 1사발을 쑤어 따뜻할 때 넣는데, 이를 '단것을 더한다[搭甛, 탑첨]'고 말한다.《거가필용》

滿殿香酒方

白麪【一百斤】、糯米粉【五斤】、木香【半兩】、白朮【十兩】、白檀【五兩】、甛瓜【一百箇香熟,　去皮子,　取汁】、縮砂·甘草·藿香【各五兩】、白芷·丁香·廣苓苓香【各二兩半】、蓮花【二百朶去蒂,　取汁】.

右件九味碾爲細末,　入麪粉內,　用蓮花、瓜汁和均,　踏作片,　紙袋盛,　掛通風處,　七七日可用.　每米一斗,　用麴一斤.　夏月閉甕,　冬月待微發,　作糯米稀粥一椀,　溫時投之,　謂之"搭甛".《居家必用》

〈정조지〉 권7 온배지류(醞醅之類)

연엽양(蓮葉釀) 빚기(연엽양방)【일명 '천상황예(天上皇醴, 옥황상제의 술)'이다】

흰쌀을 곱게 가루 낸 뒤, 푹 찐다. 찐 쌀가루를 누룩 부스러기와 섞고 반죽하여 주먹이나 박 크기로 덩어리를 만든다. 이를 늪에 있는 연잎[蓮葉]에 담고 부드러운 끈으로 싸서 묶은 뒤, 그 연잎 가에 단단한 나뭇가지 4개를 박고 연꽃 줄기를 지탱해준다. 7일이면 개봉하여 마신다.《삼산방》

다른 방법:찹쌀 0.1두로 밥을 지어 흰 누룩가루 조금과 섞는다. 이때 끓인 물을 뿌려가며 버무린다. 식으면 자라고 있는 연잎 위에 싸서 빚는다.《증보산림경제》

蓮葉釀方【一名"天上皇醴"】

白米細末,　熟烝,　和麴屑,　按摩作團.　如拳如瓠.　盛于沼中蓮葉,　用柔繩結裹,　植勁木四枝于傍,　以扶蓮莖.　七日開飮.《三山方》

一方:粘米一升作飯,　和白麴末少許,　熟水灑調.　候冷,　就荷葉上包釀之.《增補山林經濟》

〈정조지〉 권7 온배지류(醞醅之類)

술에 꽃향기 들이는 법(화향입주법)

감국이 흐드러지게 필 때 좋은 것으로 가려서 따서 햇볕에 말린다. 독에 술 1두를 담고, 국화 2냥을 생명주 주머니에 담아 술 표면 위 손가락 하나쯤 떨어진 곳에 매달아둔다. 독 아가리를 밀봉하였다가 하룻밤 지나면 주머니를 치운다. 술맛에 국화향이 배면 납매(蠟梅)의 향기와 같다.

일체의 향기 있는 꽃은 이 방법대로 한다. 대개 술의 성질은 차의 성질과 같아서 모든 향기를 쫓아가서 저절로 변할 수 있다.《구선신은서》

유자는 껍질을 벗겨 잘게 썰고 주머니에 담는다. 위의 방법과 같이 술 위에 매달아 둔다.【만약 껍질을 술 속에 넣으면 오래지 않아 술이 시게 되어 맛을 버린다】《증보산림경제》

花香入酒法

甘菊盛開時, 揀摘曬乾. 用甕盛酒一斗, 以菊二兩盛生絹帒, 懸於酒面上, 約離一指高, 密封缸口, 經宿去帒. 酒味有菊香, 如蠟梅木香.

一切有香之花, 依此法爲之. 蓋酒性與茶性同, 能逐諸香而自變《臞仙神隱書》

柚子剝皮剉切, 盛帒, 懸酒上, 如上法.【若取皮投入酒中, 則未久令酒酸壞】《增補山林經濟》

〈정조지〉 권7 온배지류(醞醅之類)

고기 굽는 전반적인 방법(소육총법)

고기를 구울 때는 참깨꽃을 가루 낸 뒤, 고기 위에 뿌려두면 기름이 흐르지 않는다.《물류상감지(物類相感志)》

燒肉總法

炙肉, 用芝麻花爲末, 置肉上則油不流.《物類相感志》

〈정조지〉 권5 할팽지류(割烹之類)

고기 삶는 전반적인 법(자육총법)

살찐 고기를 삶을 때는 먼저 참깨꽃·가지꽃을 다른 재료들과 함께 넣어 묽게 쑨 죽을 고기에 바른다. 이를 불에 올려 굽고 말려서 노구솥에 넣고 푹 삶는다.《구선신은서》

煮肉總法

煮肥肉，先用芝麻花、茄花,同物料調稀糊塗，上火炙乾，下鍋煮熟.《臞仙神隱書》

〈정조지〉 권5 할팽지류(割烹之類)

소금에 부추 절이기(엄염구방)

부추꽃 절이는 법 : 꽃이 피고 씨가 절반쯤 맺혔을 때 거두어 꽃받침과 줄기를 떼어내고, 꽃 1근에 소금 3냥을 넣고 함께 잘 빻아 항아리 안에 넣는다.
혹은 부추꽃을 절이는 도중에 작은 가지나 작은 노각오이를 절이기도 한다. 이때는 먼저 따로 소금에 절였다가 물기를 제거하고 3일간 볕에 쬐어 말린 다음, 절인 부추꽃 속에 넣고 고루 섞는다. 동전 3~4문을 병 바닥에 놓고 부추꽃을 넣으면 맛이 빼어나다.《군방보》

醃鹽韭方

醃韭花法 : 韭花半結子時，收摘去蒂梗，一斤用鹽三兩，同擣爛入罐中.
或就中醃小茄、小黃瓜，先別用鹽醃，去水晾三日，入韭花中拌均. 用銅錢
三四文，著瓶底，却入韭花妙.《同上》

〈정조지〉 권4 교여지류(咬茹之類)

벽간갱(碧澗羹, 미나리국) 끓이기(벽간갱방)

근(芹)은 미나리[楚葵]이다. 2가지 종류가 있는데, 적근(荻芹)은 뿌리를 취하고, 적근(赤芹)은 잎과 줄기를 취하며 모두 먹을 수 있다. 2~3월에 꽃봉오리가 돋을 때 따서 끓는 물에 넣었다가 꺼낸다. 식초에 겨자를 갈아 넣은 다음 소금과 회향을 넣고 미나리를 담가두면

김치를 만들 수 있다. 데치고서 국을 끓이면 맑고 향기로운 냄새로 인해 마치 푸른 계곡
[碧澗]에 있는 듯하다. 그래서 두보(杜甫)의 시에 "향기로운 미나리로 푸른 계곡의 국[碧澗
羹]을 끓였네."라는 구절이 있는 것이다.《산가청공》

碧澗羹方

芹, 楚葵也. 有二種, 荻芹取根, 赤芹取葉與莖, 俱可食. 二三月作英時采
之, 入湯取出, 以苦酒研芥子, 入鹽與茴香漬之, 可作菹. 惟瀹而羹之, 旣
清而馨, 猶碧澗然, 故杜甫有"香芹碧澗羹"之句.《山家清供》

〈정조지〉권4 교여지류(咬茹之類)

미나리김치(芹菹, 근저) 담그기(근저방)

2~3월에 미나리에 꽃잎이 돋아날 때 김치를 만들 수 있다. 도홍경(陶弘景)《본초경집주(本草
經集註)》

미나리는 어린 배추, 연한 무와 같이 소금에 버무려 김치를 담그면 맛이 좋다. 말린 파를
썰어서 같이 담근다.《증보산림경제》

芹菹方

二三月芹作英時, 可作菹. 陶氏《本草註》

同嫩菘、軟蘿蔔作鹹菹, 味佳. 切干蔥同沈.《增補山林經濟》

〈정조지〉권4 교여지류(咬茹之類)

와순채(萵筍菜, 상추꽃대나물) 만들기(와순채방)

상추는 4월에 꽃대가 3~4척 정도 자랐을 때, 이 꽃대의 껍질을 벗기고 날로 먹으면 맛이
맑고 부드럽다. 술지게미에 절여 먹어도 좋다. 강동 지방 사람들은 상추꽃대를 소금에 절
여 볕에 말렸다가 견실하게 눌러서 방물(方物)로 쓰는데, 이것을 '와순(萵筍)'이라고 한다.
《군방보》

상추는 껍질과 잎을 떼고 1촌 길이로 썰어 끓는 물에 데친다. 여기에 생강·소금·숙유(熟油, 깨를 볶아 짠 기름)·식초를 섞어 담그면 상당히 달고 부드럽다.

여린 상추꽃대를 물에 푹 삶아 익힌 다음 껍질을 벗기고 0.1척 정도 길이로 썬다. 달군 솥에 기름간장을 부어 상추꽃대를 데쳤다가, 석이·마고(蘑菰, 표고버섯의 일종)·표고·잣을 찧고 고루 섞어 다시 볶아 준다. 《증보산림경제》

萵筍菜方

萵苣四月抽薹高三四尺，剝皮生食，味淸脆，糟食亦佳．江東人鹽曬壓實，以備方物，謂之"萵筍"．《群芳譜》

萵苣去皮葉寸切，瀹以沸湯，擣薑、鹽、熟油、醋拌漬之，頗甘脆.

嫩薹水煮熟，去皮切一寸許，熱釜下油醬煠熟，擣石耳、蘑菰、香蕈、海松子仁拌均，更炒．《增補山林經濟》

〈정조지〉 권4 교여지류(咬茹之類)

가지김치(茄葅, 가저) 담그기(가저방)

겨울철에 가지김치 담그는 법 : 가지는 첫서리를 맞으면 맛이 뛰어나니, 곧바로 따서 꼭지를 제거하고 작은 항아리에 넣는다. 팔팔 끓인 물에 소금을 타서 간을 맞추고, 식으면 항아리에 부어 넣는다. 수마석(水磨石, 반질반질한 돌)으로 가지를 누르고 수숫잎으로 덮어 항아리 아가리를 봉한 다음 항아리 뚜껑을 덮은 뒤, 땅속에 묻는다. 12월이 되면 가지김치를 꺼내서 찢은 뒤, 꿀물을 끼얹어 먹으면 맛이 맑고 빼어나다. 가지김치에 붉은색을 내고 싶으면 맨드라미꽃[鷄冠花]을 넣는다. 《증보산림경제》

또 다른 법 : 먼저 토란대를 3촌 길이로 자르고 소금을 뿌려서 반나절 동안 절였다가 소금물을 짜낸다. 다시 소금을 뿌렸다가 소금물을 짜내서 그 숨을 죽인 뒤에 다시 소금에 담근다. 가지는 꼭지를 떼 내고 깨끗이 닦아 작은 항아리 속에 넣는다.
여기에 앞에서 절여 저장했던 토란 줄기를 덮고, 맨드라미꽃을 많이 넣는다. 물은 전혀 넣지 않는다. 【조리 방법에서 비록 "물은 전혀 넣지 않는다."라 했지만 이럴 리는 없는 듯하니, 시험해 보아야 한다.】 그늘진 곳에 두었다가 겨울이 되면 따뜻한 곳으로 옮긴다. 가

지가 익었을 때 꺼내 보면 색이 붉어 아낄 만하다. 가지를 찢은 뒤 꿀을 끼얹어 먹는다.
《증보산림경제》

茄菹方

冬月作茄菹法：茄子初經霜則味美，即摘下去蔕，入小甕內，用百沸湯調鹽，
令鹹淡得宜. 候冷，灌入甕內，以水磨石壓之，覆以蜀黍葉封甕口，蓋盆，
埋地中. 待臘月，取出裂之，澆蜜食之，味淸美. 如欲色紅，入鷄冠花.《增
補山林經濟》

又法：先取芋莖切作三寸長，糝鹽半日，絞去滷水. 又糝又絞，殺其生氣，
然後更以鹽淹. 將茄子去蔕拭淨，納小甕中.

以前醃藏芋莖覆之，多取鷄冠花納之. 全不加水.【方雖云"全不加水"，恐無
是理，當試之.】置陰處，凍節則置溫處. 旣熟取出，色紅可愛. 裂茄，澆蜜
食之. 同上

〈정조지〉 권4 교여지류(咬茹之類)

국화떡(국화고) 만들기(국화고방)

국화를 따서 떡을 만든다. 중삼절(重三節, 음력 3월 3일)의 두견화고(杜鵑花糕) 만드는 법과
같으며, 이 또한 화전(花煎)이라고 부른다.《한양세시기(漢陽歲時記)》

《건순세시기(乾淳歲時記)》에서는 "중구절에 도읍의 사람들이 각각 국화떡으로 대접한다.
엿·고기·차조·밀가루를 섞어서 만든다. 위에는 채 썬 고기와 압병(鴨餠)을 고명으로 얹고,
석류는 알알이 연이어 뿌리며 무늬 있는 깃발로 표한다. 또 그 위에 곡물가루로 만왕(蠻
王)이나 사자(獅子)를 만든다."고 했다.
《제경경물략》에서는 "9월 9일에는 밀가루떡 표면을 만들고 대추와 밤을 점점이 심는다.
이를 화고(花糕)라 한다."라 했다.
위의 두 가지 설은 모두 우리나라의 화고(花糕)를 만드는 방법과 다르다.《옹치잡지》

菊花糕方

采菊花爲糕，與重三之鵑花糕同，亦稱花煎.《漢陽歲時記》

《乾淳歲時記》, "重九, 都人各以菊糕爲饋. 以糖、肉、秫、麪雜物爲之. 上縷肉絲、鴨餅, 綴以榴顆, 標以綵旗. 又作蠻王、獅子于其上."

《帝京景物略》: "九月九日, 麪餅, 種棗栗其面星星然, 曰花糕."
二說俱與我東花糕之制異.《饔饎雜志》

〈정조지〉 권7 절식지류(節食之類)

국화차(菊花茶) 만들기(국화차방)

이슬이 가시기 전에 감국을 따서 가지와 줄기를 잘라버린다. 깨끗한 와관(瓦罐)에 백매(白梅, 소금에 절인 매실) 1~2개를 안친 뒤, 감국 꽃송이를 와관 아가리까지 가득 채운다. 또 백매를 더하고 꽃송이가 물에 완전히 잠기도록 소금물을 가득 채운 다음, 돌로 누른 뒤 밀봉하여 거두어 둔다. 다음해 6~7월이 되면 꽃 한 송이를 취하여 깨끗한 물로 소금기를 씻어버린다. 찻가루와 같이 다완에 넣고 팔팔 끓는 물을 부으면 차 맛이 더욱 맑아지고 향기가 짙어져 더할 나위 없이 좋다. 차와 함께 보관하는 것은 이 방법만 못하다.《군방보》

혹은 감국을 햇볕에 말린 뒤 밀봉하여 거두어 둔다. 간간이 한 줌을 취하여 차 우리는 법대로 우리는데, 이를 '국탕(菊湯)'이라 한다. 여름에 갈증을 아주 잘 가시게 한다.《군방보》

우리나라 민간의 방법: 이미 핀 좋은 국화를 따서 푸른 꽃받침을 제거한다. 꿀에 담가 촉촉하게 한 뒤 녹두가루에 묻혀낸다. 바로 이어서 끓는 물속에 넣어 잠시 데치고 꺼낸 다음, 국화를 다시 꿀물에 넣어 마신다.《증보산림경제》

菊花茶方

乘露摘取甘菊, 剪去枝梗, 用淨瓦罐, 下安白梅一二介, 放花朶至平口. 又加白梅, 將鹽滷汁澆滿, 浸過花朶, 以石子壓之, 密封收藏. 至明年六七月, 取花一枝, 用淨水洗去鹽味. 同茶末入碗, 注熱滾湯, 則茶味愈清而香藹絶勝. 伴茶收藏, 不若此法.《群芳譜》

或用甘菊曬乾, 密封收藏. 間取一撮, 如烹茶法烹之, 謂之"菊湯". 暑月大能消渴. 同上

我東俗法：取佳菊已開者，　去青蒂，　以蜜蘸濕之，　拖出綠豆粉中．　旋投沸湯
中，　暫焯過取出，　更投蜜水飲之.《增補山林經濟》

〈정조지〉권3 음청지류(飮淸之類)

국화주(菊花酒) 빚기(국화주방)

《서경잡기(西京雜記)》에서는 "척부인(戚夫人)의 시녀인 가패란(賈佩蘭)이 말하기를, 궁궐 안에서는 9월 9일에 수유(茱萸)를 차고, 쑥떡[蓬餌]을 먹고, 국화주를 마셔 사람들이 장수하게 했다고 한다. 국화가 필 때 줄기와 잎을 모두 따서 기장쌀과 섞어 술을 빚은 뒤 다음해 9월 9일이 되어 익기 시작하면 마시므로 국화주라 한다."라 했다. 이것이 중구절 국화주의 유래이다.

우리나라의 풍속에서는 단지 일반적인 방법으로 술을 빚고, 여기에 국화꽃만 띄워서 마신다. 이는 단지 국화주라는 이름을 달고 있을 따름이다.《옹치잡지》

菊花酒方

《西京雜記》云："戚夫人侍兒賈佩蘭說 '宮內九月九日，　佩茱萸，　食蓬餌，
飲菊花酒，　令人長壽.'　菊華舒時，　幷採莖葉，　雜黍米釀之，　至來年九月九
日，　始熟就飲焉，　故謂之菊花酒."此重九菊酒之緣起也.
東俗但用常釀，　泛菊花飲之，　只存菊酒之名而已.《饔饎雜志》

〈정조지〉권7 온배지류(醞醅之類)

조선셰프 서유구의
꽃음식 이야기

지은 이　**우석대학교 전통생활문화연구소**

　　　　　대표집필 곽미경

　　　　　임원경제지 서유구 편찬/임원경제연구소(정정기) 번역

펴낸 이　신정수

펴낸 곳　🌐 **풍석문화재단**

　　　　　진행 박시현　박소해

　　　　　표지 아트퍼블리케이션 디자인 고흐

　　　　　제작 주)상지사

　　　　　전화 (02) 6959-9921　**E-MAIL** pungseok@naver.com

펴낸 날　초판 1쇄 2019년 12월

　　　　　2쇄 2022년 3월

ISBN　　979-11-89801-22-9 (04380)

* 사진 사용을 허락해 주신 박재호님, 국립수목원 여러분께 감사드립니다.

* 이 도서의 국립중앙도서관 출판예정도서목록(CIP)은
  서지정보유통지원시스템 홈페이지(HTTP://SEOJI.NL.GO.KR)와 국가자료종합목록 구축시스템
  (HTTP://KOLIS-NET.NL.GO.KR)에서 이용하실 수 있습니다. (CIP제어번호 : CIP2019047257)

조선셰프 서유구의 꽃음식 이야기(임원경제지 전통음식 복원 및 현대화 시리즈 5)

이 책은 문화체육관광부의 "풍석학술진흥연구사업"의 보조금으로
음식복원, 저술, 사진촬영, 원문번역, 간행 등이 이루어졌습니다.